Texto, discurso e ensino

COLEÇÃO **LINGUAGEM & ENSINO**

Análise e produção de textos Leonor W. Santos, Rosa C. Riche e Claudia S. Teixeira
A força das palavras Ana Lúcia Tinoco Cabral
A frase na boca do povo Hudinilson Urbano
A leitura dos quadrinhos Paulo Ramos
Leitura do texto literário Ernani Terra
Leitura e persuasão Luiz Antonio Ferreira
O texto publicitário na sala de aula Nelly Carvalho
Os sentidos do texto Mônica Magalhães Cavalcante
Preconceito e intolerância na linguagem Marli Quadros Leite
Texto, discurso e ensino Elisa Guimarães
Verbo e práticas discursivas Maria Valíria Vargas

Conselho Acadêmico
Ataliba Teixeira de Castilho
Carlos Eduardo Lins da Silva
Carlos Fico
Jaime Cordeiro
José Luiz Fiorin
Tania Regina de Luca

Proibida a reprodução total ou parcial em qualquer mídia
sem a autorização escrita da editora.
Os infratores estão sujeitos às penas da lei.

A Editora não é responsável pelo conteúdo deste livro.
A Autora conhece os fatos narrados, pelos quais é responsável,
assim como se responsabiliza pelos juízos emitidos.

Consulte nosso catálogo completo e últimos lançamentos em **www.editoracontexto.com.br**.

Texto, discurso e ensino

Elisa Guimarães

COLEÇÃO LINGUAGEM & ENSINO
Coordenação de Vanda Maria Elias

editoracontexto

Copyright © 2009 da Autora

Todos os direitos desta edição reservados à
Editora Contexto (Editora Pinsky Ltda.)

Montagem de capa e diagramação
Gustavo S. Vilas Boas

Preparação de textos
Lilian Aquino

Revisão
Ruth Kluska

Dados Internacionais de Catalogação na Publicação (CIP)
(Câmara Brasileira do Livro, SP, Brasil)

Texto, discurso e ensino / Elisa Guimarães. –
1. ed., 2ª reimpressão. – São Paulo : Contexto, 2025.

ISBN 978-85-7244-441-5

1. Análise de textos 2. Análise do discurso 3. Linguística –
Estudo e ensino I. Guimarães, Elisa.

09-05892   CDD-401.41

Índices para catálogo sistemático:
1. Análise de textos : Estudo e ensino : Linguística 401.41
2. Análise do discurso : Estudo e ensino : Linguística 401.41

2025

EDITORA CONTEXTO
Diretor editorial: *Jaime Pinsky*

Rua Dr. José Elias, 520 – Alto da Lapa
05083-030 – São Paulo – SP
PABX: (11) 3832 5838
contato@editoracontexto.com.br
www.editoracontexto.com.br

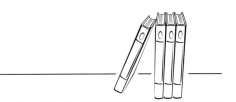

Sumário

Introdução 7
Texto: definição e extensão 11
    Definição do termo "texto" 11
    Tipos textuais 24
    Organização textual: funções 27
        Funções dependentes do contexto 31
        Funções dependentes da interação 34
    Relação entre os constituintes do texto 34
    Níveis de construção do texto 47
        Dimensão sintática 47
        Dimensão semântica 50
        Dimensão pragmática 55
    Implícitos no texto 61
    Progressão temática 66
        Sintonia entre sintaxe e semântica 69
    Relações transtextuais 73
    Texto e contexto 76
        Formas dêiticas 79

Discurso: definição e extensão 87

Definição do termo discurso 87

Língua e linguagem no discurso 94

Subjetividade na linguagem 96

Ideologia 102

Formação ideológica e formação discursiva 109

Análise do discurso 110

Interdiscursividade 118

Texto e discurso 125

Texto e discurso: limites e convergências 125

Relações intertextuais e relações discursivas 133

Mecanismos operadores
da intertextualidade e da interdiscursividade .. 137

Análise dos textos 140

Texto, discurso e ensino: uma necessária articulação 147

Função da sintaxe na rede textual/discursiva 147

Nexos lógicos no processo
organizacional do texto 150

Sintonia entre sintaxe e semântica 159

Atividades ligadas à intertextualidade 163

Atividades apropriadas para incorporar a análise
do discurso à pedagogia da língua materna 169

Análise do texto "Oração e frase" 172

Bibliografia 177

Iconografia 183

A autora 185

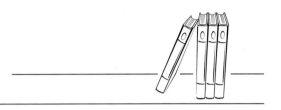

Introdução

Do final da década de 1960 até hoje, são muitas as investigações realizadas sobre o texto e o discurso, situadas, por razões metodológicas, no campo da Linguística Textual ou da Análise do Discurso. No entanto, são raros os estudos voltados para a análise do funcionamento do texto ligado às linhas do discurso.

Nesta obra, é nosso objetivo explorar a possibilidade de entrosamento entre as propostas da Linguística Textual e as da Análise do Discurso, de modo a inspirar ao professor a tarefa de familiarizar o aluno com as codificações textuais mais frequentes nas diferentes práticas discursivas.

É, pois, com a preocupação de propiciar a percepção das relações entre **teoria linguística** e **prática docente** que elegemos como interlocutores privilegiados professores de diversos níveis de ensino, em especial os de língua materna e estrangeira.

Tendo em vista o nosso propósito, dividimos a obra em quatro capítulos. Nos dois primeiros, "Texto: definição e extensão" e "Discurso: definição e extensão", abordamos traços definidores do texto e do discurso, bem como estratégias textuais e discursivas, deixando claros o peso e o valor de sua instrumentalização para aprimoramento das práticas ligadas ao processo comunicativo.

No capítulo "Texto e discurso", tratamos de limites e convergências entre marcas textuais e discursivas, explorando mecanismos operadores de intertextualidade e de interdiscursividade. Dos traços diferenciadores, bem como da feição convergente entre texto e discurso, decorre a pertinência de considerar o textual como instância de organização do pensamento – um processo organizacional; o discurso, como instância de produção de sentido – um processo interacional.

No último capítulo, "Texto, discurso e ensino: uma necessária articulação", chamamos a atenção para a inter-relação texto/discurso com a finalidade de aplicá-la às atividades de ensino. Nesse sentido, são considerados os processos constitutivos do texto e do discurso manifestados em atividades apropriadas à incorporação da rede textual e discursiva na didática da língua portuguesa.

No desenvolvimento dos capítulos, temos como de extrema importância a apresentação de exemplos ilustrativos do que foi desenvolvido teoricamente. Nesse sentido, são sugeridos, por meio de análises, processos diversos de ensino das questões em pauta quando consideradas no contexto de sala de aula, bem como é dada especial relevância às relações entre discursos e tipos de textos – estes selecionados sob formas diversificadas de acordo com as intenções e finalidades do ato comunicativo.

Pelo próprio título com que se batiza – *Texto, discurso e ensino* –, a obra empresta relevância ao texto/discurso, seja como instrumento de exemplificação para essa ou aquela teoria, seja como meio de questionar a teoria da linguagem para resolver problemas pedagógicos concretos.

Nessa busca, sintonizamo-nos com uma plêiade de autores cujas obras se estendem além dos limites do enunciado, seja em reflexões acerca da organização textual, seja em ensinamentos concernentes à interação discursiva. Esses autores vêm-se dedicando ao tratamento adequado de questões que afetam tanto a constituição do texto/discurso quanto os procedimentos ligados ao ensino da gramática e sugerem como trabalhar conteúdos gramaticais sem um enfoque puramente normativo e com vistas na dimensão semântica da língua.

Acreditamos que o conhecimento de conceitos fundamentais da área dos estudos do texto e do discurso permitirá considerar o textual uma instância de organização de pensamento – um processo organizacional; o discursivo, uma instância de produção de sentido – um processo interacional.

Remetemos, assim, ao nível do ensino as linhas essenciais dos dois fenômenos – texto e discurso. Paralelamente, buscamos uma sintonia com os novos tempos em que a multiplicidade linguística – a pluralidade dos discursos – faz parte do cotidiano do aluno.

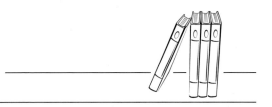

Texto: definição e extensão

Definição do termo "texto"

O que é texto? São muitas as possibilidades de resposta a essa questão, dependendo da vertente teórica em que se situe o estudioso. Podemos pensar, por exemplo, que o texto é organizado a partir de uma dupla lateralidade: a **microestrutura** e a **macroestrutura**.

> **Microestrutura** é o conjunto articulado de frases, resultante da conexão dos mecanismos léxico-gramaticais que integram a superfície textual.

> **Macroestrutura** é estrutura que se identifica como o significado global do objeto do texto.

Assim sendo, importa lembrar que a maior parte das regras gramaticais apresentadas por um idioma para efeito de construção do texto são de conexão, isto é, regras que se aplicam ao conectar um enunciado com outros.

Dessa aplicação resulta o texto considerado antes um processo que se perfaz "numa totalidade integrada por uma unidade temática, um formato e cuja significação se alcança mediante a relação entre seus constituintes e seu contexto de produção" (Van Dijk,1980: 18).

Obras clássicas no campo da Linguística Textual focalizam não o texto (produto) mas a forma de enunciação textual (processo), concebendo, pois, a textualidade como modo de processamento e não como conjunto de propriedades inerentes ao texto reduzido a sua dimensão de produto.

> – *Cohesion in English* (Halliday e Hasan,1976);
> – *Introduction to Text Linguistics* (Beaugrande e Dressler, 1981).

É nessa perspectiva que nos inscrevemos, ao compreender o texto como unidade de análise, buscando estabelecer as relações dos modos de funcionamento textuais com as formações discursivas nas quais se enquadram.

Nessas relações, não se pode negar à frase papel importante no processo de textualização, uma vez que sua construção e articulação adequadas constituem a grande exigência das operações microestruturais de produção do texto escrito.

As possibilidades expressivas da frase no texto, ou da frase ao texto, evidenciam-se nas relações sintáticas. O funcionamento do sistema sintático impõe padrões organizadores à superfície textual, isto é, modela a organização patente das palavras. Assim, a obediência a certas normas gramaticais interfere de maneira decisiva para a comunicação, para a compreensão da mensagem. Por exemplo, a seguinte estruturação menino o menina ama a é inadmissível, uma vez que contraria a ordem gramatical imposta pela língua o menino ama a menina.

A função da sintaxe no processo da textualização é facilmente destacada quando tratamos da noção de **coesão**, uma vez que da estruturação adequada do texto decorrem os sentidos nele materializados – donde se justifica sua definição como instrumento de interação comunicativa ou ainda como um evento comunicativo no qual convergem ações linguísticas, cognitivas e sociais, segundo Koch (2002: 154).

Uma ordem, uma exortação, um diálogo, uma argumentação, uma advertência, um sinal de alerta, uma exclamação, uma interjeição contextualizada, um relato são textos. Escolhemos diferentes formas de textos de acordo com as intenções e finalidades de nossos atos comunicativos. Um mesmo fato pode ser matéria de diferentes formas textuais: um comentário, uma reportagem, uma história, uma manchete. Como isso acontece na prática?

Leiamos os textos a seguir. Trata-se de uma notícia e de uma crônica originadas de um mesmo texto. Vamos à leitura dos textos então.

Divórcio e recessão

Há uma piada nos EUA: o motivo pelo qual um divórcio é tão caro é que ele "vale o preço". Para um crescente número de casais americanos, porém, esse preço se tornou alto demais. Especialistas relatam que a crise econômica está forçando casais a permanecerem juntos, e, para quem insiste na separação, a briga agora é para ver quem vai ficar com a casa e as dívidas que vêm com ela. A Academia Americana de Advogados Matrimoniais diz que, em uma proporção de quase dois para um, seus afiliados assistem a uma queda em pedidos de divórcio devido à recessão.

Fonte: MURTA, Andrea. *Folha de S. Paulo*, Dinheiro, 4 jan. 2009.

FOI UM LONGO casamento, mas lentamente começou a chegar ao fim. Sem brigas; os dois – ele, engenheiro mecânico, ela, professora – eram pessoas finas, educadas e sabiam como se portar mesmo numa situação difícil. Já não partilhavam a mesma cama, cada um tinha seus casos, mas discutiam francamente a questão do divórcio.

Não precisavam de advogados e muito menos da ajuda dos filhos, que, já adultos, moravam em cidades distantes e preferiam não se envolver. Não era necessário, aliás. A questão da casa, por exemplo, foi resolvida depois de algum debate. Pesava sobre ela uma dívida, mas chegaram a um acordo: o marido ficaria de posse do imóvel, do qual gostava muito, e arcaria com a quantia a pagar. De repente, a recessão. Foi ruim para os dois, sobretudo para ele. Executivo em uma grande montadora de automóveis, perdeu de imediato o emprego. Ela conservou o seu, mas teve de renegociar uma redução no salário. Mais que isso, a casa foi tomada pelo banco.

O que fazer? Mais uma vez se reuniram, os dois. Debateram bastante e chegaram a uma conclusão: o divórcio teria de ser adiado. Não tinham como manter duas moradias nem como arcar com as despesas judiciais. O jeito era esperar uma melhora na situação econômica. Afinal, ponderou ele, o país já tinha passado por outras crises antes e se recuperado. Num futuro, que acreditava não muito distante, as coisas melhorariam, eles se separariam e cada um poderia seguir sua vida. Ela concordou.

A primeira providência seria conseguir um lugar para morarem durante aquilo que denominavam, eufemisticamente, de "período de transição". Não foi fácil. Só dispunham dos rendimentos dela, e não queriam recorrer aos filhos, que também estavam em dificuldades.

Teria de ser um apartamento, e pequeno. Puseram-se a campo, cada um procurando. Uma noite ele voltou para casa perturbado, mas sorridente. Achei um lugar para nós, anunciou.

Era um velho e pequeno apartamento de um dormitório – o apartamento em que tinham morado quando recém-casados. Por uma incrível coincidência estava vago. E o aluguel era acessível. Ela sorriu: deve ser a mão do destino, disse. No dia seguinte mudaram-se, e à noite lá estavam os dois, deitados na velha cama de casal. Normalmente cada um deveria virar-se para seu lado e adormecer. Mas, num impulso, abraçaram-se. E aí tiveram o que, na manhã seguinte, ele, sorridente, chamou de "uma segunda lua de mel". Estão se redescobrindo, estão se reapaixonando. E só esperam uma coisa: que a crise dure muito, muito tempo.

Fonte: SCLIAR, Moacyr. Divórcio e recessão. *Folha de S.Paulo*, 12 jan. 2009.

Do texto bem-arquitetado com estruturas bem formalizadas e, por conseguinte, capazes de veicular sentidos, decorrem a **coesão** e a **coerência** – que são as dimensões constitutivas do texto.

O termo **coesão** implica a função que desempenha a sintaxe no processo de textualização. Assim, o processo coesivo encerra as diferentes possibilidades em que se podem conectar entre si, dentro de uma sequência, os componentes da superfície textual – palavras e frases. Os componentes que integram a superfície textual dependem uns dos outros conforme convenções e formalidades gramaticais determinadas, de maneira que a coesão descansa sobre dependências gramaticais. Assim, todos os procedimentos que marcam relações entre os elementos superficiais de um texto incluem-se no contexto de coesão.

Segundo a proposta de Halliday e Hasan (1976), a noção de **coesão** precisa ser completada pela noção de **registro**, ou seja, adequação a um determinado contexto de situação. Assim, o locutor, dependendo da situação em que esteja, recorre a traços derivados de vários registros. O professor, em sala de aula, utiliza-se de um tipo de linguagem diferente daquele que passa a empregar quando se acha, por exemplo, num grupo de amigos.

Por sua vez, o termo **coerência** identifica-se como a unidade semântica do texto num contexto determinado que toma corpo em sequências de enunciados. Um texto se constitui como tal porque apresenta coerência. Nessa coerência desempenham papel primordial as formas sintáticas – o que justifica o posicionamento de Halliday (1976) no tratamento da coesão vinculada à coerência.

Nessa perspectiva, embasa-se a **coerência** no conceito de constância do sentido. A ruptura de sentido é que cava a ausência de coerência. Para exemplificar o que acabamos de dizer, vejamos a tirinha:

Short Cuts, Caco Galhardo

Fonte: *Folha de S.Paulo*, 3 out. 2006.

Nessa produção, a tecla com o comando "mandar pro inferno" rompe com o esperado em relação aos outros comandos oferecidos aos usuários (no caso eleitores): "branco", "confirmar", "anular", "corrigir". Poderíamos, então, apontar para uma "não coerência" respaldados em conhecimentos de uso da língua no contexto em questão. No entanto, como sabemos que a função do gênero tirinha é provocar efeito de humor, e isso, geralmente, é constituído pelo não esperado, a ruptura é elemento que contribui para a produção da coerência.

Nesse sentido, não se pode negar que determinadas formas de estrutura facilitam em maior ou menor grau a atribuição de coerência pelo receptor do texto, razão pela qual cabe distinguir entre uma *coerência mental* e uma *coerência textual* – expressões encontradas em Bernárdez (1995: 142).

O que predomina hoje é uma concepção pragmática da coerência – concepção segundo a qual a coerência não se limita a uma simples marca do texto, mas define-se como um produto dos processos cognitivos postos em funcionamento pelos leitores. Entende-se por processo cognitivo os princípios que regem o comportamento automático e inconsciente do leitor.

A partir dessa definição, torna-se mais aceitável a afirmação de que um texto escrito não é para ser recebido passivamente; pressupõe energia de processamento cognitivo por parte do receptor. Cognição que, certamente, resultará mais eficaz se completada pela **metacognição**, ou seja, pelos princípios que regem a desautomatização consciente das estratégias cognitivas ou o pensamento sobre nosso próprio pensamento. Um texto não tem sentido por si mesmo, mas graças à interação que se estabelece entre o conhecimento apresentado no texto e o conhecimento de mundo armazenado na memória do interlocutor.

Ainda para exemplificar o conceito de coerência, examinemos os textos a seguir:

Texto 1

Viagem a Marte

Estamos em pleno 2006. O homem está bem próximo de realizar outro grande sonho: o de conhecer Marte.

1) Após anos de estudo e de tentativas frustradas, os cientistas asseguram essa possibilidade pelo sucesso alcançado nos últimos empreendimentos espaciais.

Segundo eles, serão enviadas a Marte, nestes futuros nove anos, cerca de dez naves não tripuladas. Dentre os objetivos dessa pesquisa, o que mais se deseja é verificar se há vida ou não fora da Terra. Outra grande razão se refere à possibilidade de se colonizar o planeta vermelho, transformando-o na nova América do século XXI.

Dessa forma, o espírito aventureiro levará o homem à ampliação de suas fronteiras até o fim do ano 2012, quando ele já estará pisando as terras marcianas.

Fonte: Jairo Postal. Texto /apostila trabalhado em sala de aula – Universidade São Judas Tadeu.

Texto 2

Perfil de esportista

Ricardo era um jovem esportista que adorava a vida ao ar livre; isso sempre decepcionou os pais, pois, ao contrário do que eles queriam, o rapaz nunca teve o menor gosto pelas atividades intelectuais. Por toda parte de seu quarto, havia sinais disso: raquetes de tênis, prancha de surf, equipamento de alpinismo, skate e, em sua estante, ao lado das obras completas de Shakespeare (autor pre-

> ferido de quem ele se tornara assíduo leitor), uma bola que guardava com carinho desde a infância.
>
> Como dizem, o quarto espelha as características de seu dono.
>
> Fonte: FIORIN e SAVIOLI, *Para entender o texto*. São Paulo: Ática, 2000, p. 268.

No **texto 1**, podemos verificar que a coerência encontra-se comprometida, pois não há possibilidade de o homem pisar as terras marcianas até 2012 já que, nos próximos nove anos, serão enviadas a Marte apenas naves não tripuladas.

No **texto 2**, facilmente podemos atentar para a não coerência: as obras completas de Shakespeare jamais seriam lidas por Ricardo, avesso a atividades intelectuais.

O **texto 1** e o **texto 2** apresentam incoerências em nível semântico, contrariando o conhecimento de mundo geral.

Examinemos, no **texto 3** a seguir, um caso curioso em que se estabelece a coerência textual no último período.

Texto 3

> Os homens que pensam que as mulheres nasceram para servi-los devem reformular seus pensamentos. Foi Deus quem venceu no Leste europeu. Os jovens buscam sempre a beleza no amor. O Diabo espalha desordem na sociedade e incoerência no homem. Também no socialismo há sementes de verdade.
>
> Essas são algumas frases marcantes proferidas pelo Papa João Paulo II.
>
> Fonte: Jairo Postal. Apostila trabalhada em aula – Universidade São Judas Tadeu.

Retomemos o princípio que define **coerência** como produto dos processos cognitivos postos em funcionamento pelo leitor, tomando como exemplo excertos do seguinte texto:

Notas de rodapé para uma teoria da globalização

1 – Uma borboleta bate as asas metálicas sobre o Pentágono e a tempestade *de* desertos insurgentes se ergue no Oriente; os aliados dos desgovernos anteriores caem de joelhos e explodem.

2 – Quem precisa desses comerciais de heróis e vitórias quando mal entendem o nosso fracasso? O melhor do Brasil pode nem ser tão brasileiro assim, planejado em Chicago, financiado pelo Japão, depositado nas Ilhas de Cayman, fabricado na China, plantado na Colômbia ou sintetizado em Londres... Que diferença faz a fome dos homens que é preciso zerar?

3 – [...] quanto à imagem esgotada pelos defeitos especiais, os entrevistadores darão o golpe final nos entrevistados, transformando-se em celebridades inquestionáveis com perguntas desprezíveis. Os produtores indiferentes continuarão parecendo semelhantes em seu desleixo com as nossas mentes.

4 – As modelos sorridentes, os fenômenos calvos e os apresentadores grávidos reproduzirão uma nova era de propriedade para os cadernos de cultura, com festas patrocinadas e anúncios de fertilidade nas colunas sociais.

5 – O bom é ser modelo em Paris, por enquanto. Aliás, a esperança dos migrantes será desidratada no deserto do Arizona, hidratada no Mar Mediterrâneo ou eletrificada em Gaza.

Fonte: BONASSI, Fernando. Notas de rodapé para uma teoria da globalização. *Folha de S.Paulo*, 21 set. 2004, Ilustrada.

A percepção da coerência desses excertos ou os sentidos deles decorrentes emerge da interação que se estabelece entre enunciador e enunciatário, num processo sociocognitivo interacional. Lembra-nos Marcuschi (2000/2006: 17):

A coerência, mais do que uma propriedade do discurso, é uma espécie de condição discursiva, ou seja, um princípio. Não um princípio de boa formação e sim um princípio de acessibilidade. Em certo sentido, podemos dizer que a coerência é o que deve acontecer quando introduzimos certo objeto de discurso e depois pretendemos prosseguir com ele naquele discurso. A coerência é uma necessidade e uma condição de discursividade, não um simples produto de relações e atividades linguísticas e lógicas.

À luz da proposta de Marcuschi, que deixa claro o princípio de que os sentidos emergem no discurso, vamos proceder à análise dos textos transcritos:

> 1 – Uma borboleta bate as asas metálicas sobre o Pentágono e a tempestade *de* desertos insurgentes se ergue no Oriente; os aliados dos desgovernos anteriores caem de joelhos e explodem.

Lembre-se de que o enunciatário é o leitor do caderno Ilustrada, da *Folha de S.Paulo*, de alcance supostamente capaz de desvendar o processo intertextual presente no excerto que se avizinha da *teoria do caos*, proposta nos anos 1960 pelo meteorologista Edward Lorenz: do bater de asas de uma borboleta no Brasil poderia resultar um tornado no Texas.

Por força da memória discursiva, a ligação com o texto-fonte garante ao leitor exatidão na captação do sentido. Consequências catastróficas podem advir de causas menores, mesmo insignificantes.

Trata-se de um texto que reflete momentos históricos especiais cuja compreensão fica dependente do conhecimento enciclopédico de quem o lê. Há a necessidade de um conhecimento partilhado entre enunciador e enunciatário, na atividade de desvendamento da carga metafórica sob a qual se aninha o sentido.

A borboleta de asas metálicas; o Pentágono; a tempestade de desertos insurgentes que se ergue no oriente; os aliados dos desgovernos anteriores que caem de joelhos e explodem recapitulam metaforicamente a investida terrorista sobre os Estados Unidos em 11 de setembro de 2001. O leitor que porventura desconheça tais acontecimentos não dispõe de condições para o deslindamento da metáfora portadora do sentido.

> 2 – Quem precisa desses comerciais de heróis e vitórias quando mal entendem o nosso fracasso? O melhor do Brasil pode nem ser tão brasileiro assim, planejado em Chicago, financiado pelo Japão, depositado nas Ilhas Cayman, fabricado na China, plantado na Colômbia ou sintetizado em Londres... Que diferença faz a fome dos homens que é preciso zerar?

Há, nessa passagem, uma alusão irônica a uma campanha publicitária cujo slogan "O melhor do Brasil é o brasileiro" encerra a intenção pretensiosa de resgate da autoestima do povo pelo governo. "Pode nem ser tão brasileiro assim" e a complementação do enunciado exigem do leitor o recurso ao conhecimento enciclopédico.

Na passagem "Que diferença faz a fome dos homens que é preciso zerar"?, registra-se também um comentário irônico a uma das plataformas do governo Lula: "Fome Zero".

No mesmo segmento, a diversidade de regiões que atestam que o melhor do Brasil pode nem ser tão brasileiro justifica a *teoria da globalização,* expressão constituinte do enunciado do texto.

> 4 – As modelos sorridentes, os fenômenos calvos e os apresentadores grávidos reproduzirão uma nova era de propriedade para os cadernos de cultura, com festas patrocinadas e anúncios de fertilidade nas colunas sociais.

No quarto segmento, as expressões "modelos sorridentes", "os fenômenos calvos", "os apresentadores grávidos" associam-se a fatos sobejamente explorados pela mídia na ocasião em que circulou o texto de Fernando Bonassi. Assim, a locução "modelos sorridentes" constitui-se numa alusão a Daniela Cicarelli de quem a característica de "boca avantajada" foi explorada com frequência. Os "fenômenos calvos" dizem respeito ao atleta Ronaldo; ambos – Daniela e Ronaldo – alvo de repetidos comentários em torno de um casamento patrocinado por multinacionais.

> 5 – O bom é ser modelo em Paris, por enquanto. Aliás, a esperança dos migrantes será desidratada no deserto do Arizona, hidratada no Mar Mediterrâneo ou eletrificada em Gaza.

Vê-se que as associações efetivadas nos textos exigem da memória discursiva do leitor a revivescência de uma série de acontecimentos, tal como ainda a situação dos migrantes latinos que morrem no deserto do Arizona, dos africanos que se afogam no Mar Mediterrâneo e dos palestinos que são eletrificados nas cercas de Gaza.

Portanto, a construção de sentidos em um texto como este, a captação de sua coerência sujeitam-se à mobilização de uma série de conhecimentos por parte do leitor, ligados a fatos históricos, à inserção desse leitor no mundo. De fato, os sentidos emergem no discurso, são criados no discurso.

Resumindo o que foi dito, as normas de textualidade mais óbvias são a **coesão**, que se manifesta na super-fície textual, e a **coerência** que subjaz no interior do texto. A coesão e a coerência que caracterizam o texto bem-arquitetado são produto de uma atividade cultural intencionada e que, portanto, representam-se como pro-priedades inerentes à **intencionalidade** articulada com a **aceitabilidade**.

O produtor e o receptor do texto compõem a dupla ligada a uma concepção intersubjetiva da intenção do texto. Quando alguém produz um texto, tem por objetivo despertar o interesse daquele que o lê ou ouve, ou seja, guia-se por uma dada intencionalidade. O receptor – ouvinte ou leitor –, por sua vez, condiciona sua aceita-bilidade, ou seja, a atividade de construção do sentido do texto, a dados recursos oferecidos pelo texto, que atinjam os objetivos de comunicação desejados; entre esses recursos, situam-se, em primeiro plano, a coesão e a coerência que resultam da maneira como se interam e adquirem sentido os elementos que compõem um tex-to. São, por conseguinte, traços constitutivos da própria definição de texto.

Tipos textuais

No que diz respeito aos tipos de textos, vários critérios já foram propostos a fim de figurar como parâmetros para o traçado de tipologias de textos – o que não se efetiva com facilidade, dada a inevitável confluência de traços de natureza vária no interior do texto.

Levando-se em consideração esse fato, qualquer tipificação só pode ser feita em termos de dominância, já que dificilmente se apresentam tipos textuais puros. Embora haja sempre uma estrutura dominante, ou seja, aquela que representa o esquema fundamental do texto, esta não se caracterizará necessariamente como um único tipo ou forma. Uma parte ou outra será caracterizável como **descritiva**, seguida de outra **argumentativa** e de outra ainda, **narrativa**, por exemplo (cf.: Guimarães, 1990: 16). É preciso captar na diversidade dos textos realizados certo número de constantes: O que faz o autor no texto? Descreve? Relata? Argumenta?

Assim, uma teoria integral do texto haveria de ser tão ampla a ponto de facilitar uma tipologia do texto que, sobre um critério comum de textualidade, desse conta da diversidade de suas manifestações.

Entre alguns critérios elementares para uma possível e satisfatória classificação do texto, pode-se eleger o critério da estrutura predominante, na tentativa de classificar as variedades específicas por constantes funcionais. Assim, por exemplo, essas mesmas formas de organização do discurso – descrição, narração, dissertação – enformam uma variedade de tipos de textos.

> Werlich (apud Bernárdez, 1995: 219) chama "mistos" a esses tipos de texto.

Entre as estruturas predominantemente **descritivas,** situam-se, por exemplo, textos identificados como *textos técnicos, relatórios de experiência, cartas de apresentação, excertos de dissertação ou tese destinados à descrição de um corpus, bulas de remédios, textos didáticos.*

As estruturas **narrativas** comportam tipos de textos configurados como *reportagens, diários de viagem, comuni-*

cados, atas, notícias de jornais. A *biografia,* o *conto,* a *novela,* o *romance* são subtipos da forma narrativa do discurso ou "variantes textuais" da narração, na medida em que exibem o arcabouço estrutural próprio do processo narrativo.

No nível da consonância entre produção e ação, produzem-se textos relacionados com ações informativas, textos teóricos correspondentes a ações assertivas, textos normativos vinculados a ações judicativas, textos poéticos, harmonizados com ações expressivas.

Dos tipos de contato comunicativo entre emissor e receptor, derivam textos assim classificados:

Classes de textos	Exemplos
1. textos normativos	1. leis, estatutos, contratos, certidões
2. textos de contato	2. cartas de felicitação, de condolência
3. textos em que predomina a automanifestação	3. diário, autobiografia
4. textos exortativos	4. anúncios publicitários, propaganda de partido
5. textos informativos	5. notícias, prognóstico do tempo, texto científico
6. textos poéticos	6. poemas, prosa poética

Dispor de um repertório amplo de tipos de texto é uma necessidade para o ensino que salienta o caráter comunicativo da língua. Essa é a função social assinalada com maior intensidade no sistema linguístico.

Organização textual: funções

Na análise do desenvolvimento de um discurso dá-se ênfase à *função,* isto é, àquilo que se faz quando se produz um enunciado ou vários em um texto. Entre essas funções, ressaltam-se as *funções autônomas, as funções dependentes do contexto e as funções dependentes da interação.*

As **funções autônomas** são assim denominadas porque mantêm certa independência e se identificam, ainda que estejam fora de um contexto. Uma *definição,* por exemplo, identifica-se como tal, ainda que se encontre isolada de um texto. No entanto, pode ocorrer que um fragmento do texto identificado como uma *generalização,* no momento em que se inclui numa unidade discursiva mais ampla, mude de função e se converta em uma *definição* ou em uma *particularização.*

O **exemplo** a seguir ilustra esse princípio:

> Gênero é o modo como se veicula a mensagem literária. **generalização**
>
> É difícil traçar a linha divisória entre as tendências pessoais e as **definição** tendências coletivas; a vida resumida do homem é um capítulo instantâneo da vida de sua sociedade.
>
> Fonte: CUNHA, Euclides da. *Os sertões.* Rio de Janeiro: Francisco Alves, 1984.

O primeiro segmento exemplifica a *generalização;* o segundo pode ser considerado uma *definição* ou uma *particularização.* Em geral, e não de maneira exaustiva, identificam-se como funções autônomas na organização textual: **a definição; a identificação; a classificação; a generalização; a inferência.** Reflitamos sobre cada uma dessas funções:

- **Definição** – o étimo latino *definitio* possibilita a relação do termo definição com fim – *fine,* ou seja, com alguma coisa fechada, delimitada. A definição exata, completa é aquela que traduz a essência do objeto definido. Note-se a fórmula mais frequente do enunciado de uma definição no qual se salienta o verbo *ser* (de *esse* latino, radical de *essência).* A definição constitui um fenômeno global, sintetizador dos aspectos fundamentais de uma dada questão. Não é sem razão, por exemplo, a frequência da definição iniciando o texto/discurso didático e desenvolvida sob formas diversificadas ao longo da exposição.

Observemos a função da definição de um mesmo conceito apresentada sob diversas formas linguísticas, nas quais se enfatiza de cada vez um aspecto diferente:

O solo é a superfície onde crescem as plantas. ênfase à localização

O solo é uma mescla de materiais provenientes da litosfera, da atmosfera, da hidrosfera. ênfase à composição

O solo é uma espécie de sistema digestivo gigante ao qual chega todo tipo de matéria orgânica. ênfase à comparação

O solo é um recurso que proporciona às plantas a água e os sais de que necessitam, assim como o meio de fixação. ênfase à função

- **Identificação** – a função da identificação faz parte do conceito de definição. Pode-se considerar a identificação como a inversão da estrutura da definição. A organização estrutural da definição – **desconhecido/**

conhecido – transforma-se em **conhecido/desconhecido**. Altera-se o valor de definição, que passa a ter um valor de identificação. Vejamos um exemplo:

> O rompimento da unidade cristã na Europa ocidental provocou a reação da Igreja Católica por meio de uma atitude espiritual e disciplinar levada a efeito por clérigos, religiosos e leigos; a isso se chamou a Contrarreforma ou Restauração Católica.

No exemplo, as expressões Contrarreforma e Restauração Católica correspondem à informação nova, desconhecida.

- **Classificação** – tem por função ressaltar os elementos de contraste ou de afinidade entre categorias e classes vizinhas. O processo da classificação efetiva-se à luz de adoção de critérios sob os quais se concretizam os agrupamentos. Podem ser diversos os critérios; relacionados com a forma, com a comparação, com a localização, com as características gerais. Como exemplo, podemos citar:

> Conforme a abundância das substâncias constituintes, os solos se classificam em arenosos, argilosos e calcáreos.

A função de classificação é muito comum em textos didáticos, por razões marcadamente de natureza metodológica, ilustrativa da teoria em estudo.

- **Generalização** – operação que consiste em reunir sob um conceito único os caracteres comuns observados em vários objetos singulares, estendendo esse conceito a uma classe indefinida de objetos possíveis. Mounin (1974), Moirand (1990: 76), Dubois *et alii* (1994) trabalham a noção de *semas genéricos e semas específicos*. Por exemplo, em torno do sema genérico *assento*, pode-se reagrupar *cadeira, banco, poltrona*. São semas específicos – traços distintivos – *encosto, apoio para os braços*.

Cadeira   **Banco**   **Poltrona**

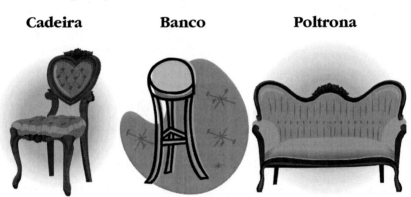

- **Inferência** – termo designativo das operações identificadas como um processo interpretativo que coloca em relação o que é dito explicitamente como algo além desse dito. Na leitura da tirinha a seguir, podemos, por exemplo, inferir que a "sogra não gosta do genro"; "a sogra não quer se encontrar com o genro"; "a sogra aguardará o genro viajar para visitar a filha", com base no contexto não verbal e verbalmente constituído.

Fonte: *O Estado de S. Paulo*, 23 nov. 2007.

O reconhecimento das funções autônomas liga-se a um nível de análise mais global do texto/discurso; tem a ver com a busca dos atos de fala que se realizam no texto. Uma mesma função pode expressar-se de diferentes maneiras; um mesmo enunciado pode realizar várias funções simultaneamente. Funções como a **definição**, a **classificação**, a **descrição** correspondem a intenções de comunicação específica – o que explica ser comum encontrá-las em textos/discursos didáticos cuja finalidade primeira é assegurar a compreensão de elementos fundamentais na composição do sentido.

Funções dependentes do contexto

Essas funções identificam-se conforme a função que o enunciado está desempenhando em seu contexto sequencial. Efetivam-se pelos *atos de fala* entre os quais se estabelece uma relação de condicionalidade, ou seja, a caracterização de um determinado ato depende do ato anterior ou posterior ou do texto como um todo.

Identificam-se como funções dependentes do contexto:

- **Asserção** – Atribui-se o termo asserção ao fato de relacionar elementos para manifestação sobre o mundo, independentemente de sua foram afirmativa, negativa ou interrogativa. Há na asserção não somente uma concepção das coisas, mas uma afirmação ou julgamento a respeito delas. O julgamento manifestado pela asserção fundamenta-se no que se chama *acontecimento de discurso*. É o que podemos verificar no texto que nos serve de exemplo:

Fonte: *Folha de S.Paulo*, 29 ago. 2007.

- **Exemplificação** – A utilização de exemplos é poderoso instrumental de clarificação daquilo que se expõe teoricamente. A exemplificação bem-selecionada concretiza os dados abstratos próprios do processo teórico. Trata-se de um recurso de utilização indispensável no texto/discurso didático, cuja finalidade é a prática do ensino consubstanciada na aliança entre abstrato e concreto – teoria e prática.

A explicação é definida como uma atividade cognitiva, linguageira, interacional, desencadeada pela expressão de uma dúvida, que leva ao alcance da compreensão, da intercompreensão. Do ponto de vista cognitivo-discursivo, concebe-se a explicação como categoria construída pelo discurso e que deixa traços na materialidade textual: explicar pode antecipar um pedido de esclarecimento sobre um termo ou sobre um referente. Assim, por exemplo, "O que isso quer dizer?", "O que é?". Ou, ainda, responder a uma interrogação sobre as razões do fato: "Por que isso acontece?", "Como é possível?".

- **Hipótese** – A noção de hipótese liga-se à de probabilidade, à de suposição que se faz de alguma coisa possível ou não, e da qual se tiram as consequências a verificar. Num contexto marcado por investigações acadêmico-científicas, tem-se a hipótese como ponto de partida para desenvolver um raciocínio. Objeto de suposição, a hipótese antecipa um conhecimento que poderá ser posteriormente confirmado. Trata-se, afinal, de uma proposição que se admite de modo provisório como princípio do qual se pode deduzir um conjunto dado de proposições.

- **Comentário** – O comentário implica uma série de observações com que se esclarece e/ou critica uma produção linguística qualquer. São diversas as formas de comentário que podem ser configuradas em exercícios de resumo propriamente dito, de resenha, de recensão – os três tipos de exercício denotando uma gradação no processo de síntese crítica. Assim, o *resumo* propriamente dito relaciona as ideias essenciais do texto/discurso; a *resenha* acrescenta ao resumo um comentário crítico; a *recensão* complementa o resumo e o comentário crítico com apresentação de sugestões que possam aprimorar pontos falhos do texto objeto do comentário.

Funções dependentes da interação

O produtor do texto tem em mente a imagem do leitor a partir do grau de conhecimento entre ambos, da idade, do sexo, das condições sociais. Desse fato resulta o processo da interação entre aquele que elabora o texto e aquele que o ouve ou lê – ambos participantes da comunicação. Halliday (1978), referindo-se a essa situação, fala de uma *macroestrutura interpessoal*.

São funções dependentes da interação: o **convite** – a **consignação** – o **pedido de desculpas** – a **sugestão** – a **queixa** – a **felicitação** – a **advertência** – a **petição** – a **autorização** – a **persuasão** – a **proibição** – a **repreensão** – o **conselho** – a **exortação**.

Vê-se que as funções dependentes da interação mostram de maneira explícita como se estabelecem as relações entre o produtor do texto e o leitor. Essas funções referem-se às chamadas "operações enunciativas", as quais põem em jogo diferentes pontos-chave que indicam o modo como podem se estabelecer as relações entre o sujeito enunciador, entre a situação de enunciação e de enunciado.

Relação entre os constituintes do texto

A relação entre os constituintes do texto configura, segundo Kintsch e van Dijk (1975: 99-117), uma estrutura complexa, que se define por: **base de texto**, **microestrutura**, **macroestrutura**, **superestrutura** ou **hiperestrutura**.

Por **base de texto**, entende-se a estrutura do discurso subjacente ao texto enunciado, ou seja, o eixo de natureza semântica, o mecanismo em que se baseia sua coerência interna como estrutura discursiva específica. Apreende-se aí o **tema do texto** – uma representação abstrata da estrutura global do significado de um texto. **Tema** entendido como núcleo informativo fundamental ou elemento em torno do qual se estrutura a mensagem, sua identificação permite ao receptor considerar "entendido" o texto; daí poderá partir para a elaboração de resumo do texto, ou para exercício de retextualização sob diversas formas (paráfrases, comentários, resenhas, recensões etc.). O processo seguido pelo receptor é, de certo modo, oposto ao utilizado pelo emissor. Se este procede desenvolvendo o tema, o receptor deve, reduzindo as informações que lhe são transmitidas, limitar-se ao fundamental, até chegar a esse núcleo informativo.

A **microestrutura** é responsável pela estruturação linguística do texto, isto é, representa todo um sistema de instruções textualizadoras de superfície que auxilia na construção linear do texto por intermédio de palavras e de frases, organizadas como elementos e mecanismos de **coesão**.

A **macroestrutura** diz respeito aos componentes que possibilitam a organização global de sentido do texto e que são responsáveis por sua significação. São esses componentes que tornam possíveis o planejamento, a compreensão, a memorização e a reprodução das ideias do texto. À macroestrutura associam-se, portanto, os elementos e mecanismos que visam a manter a **coerência** do texto – o que lhe confere importante função de natureza cognitiva, comunicativa e de interação.

A macroestrutura textual é um elemento essencial para a compreensão, ela dá conta do conteúdo global do texto e é derivada da microestrutura ou do texto de base, num processo de sumarização, por meio da aplicação de regras de redução de informação semântica. A aplicação dessas regras depende do tipo de texto em questão, já que uma certa informação pode ser relevante em um texto e não em outro.

A **superestrutura** descreve-se em termos de categorias e de regras de formação. As regras determinam a ordem em que se apresentam as categorias. Entre as categorias do **conto** figuram, por exemplo, a **introdução**, a **complicação**, a **resolução**, a **moralidade**.

As regras de formação determinam a ordem em que essas categorias devem ocorrer. A estrutura esquemática textual controla a formação das macroproposições e determina se o texto está completo ou interrompido e que tipo de informação cada categoria requer. Esse esquema superestrutural deve ser conhecido previamente pelo produtor. Para o mesmo autor o termo **superestrutura** define a forma de diferentes discursos; auxilia na identificação de discursos como sendo, por exemplo, um romance ou um relato científico.

> O conjunto das macroestruturas compõe as **macroproposições.**

Essas relações micro, macro e superestruturais traçam no texto uma rede relacional hierárquica, ou seja, uma unidade decomponível em partes ligadas entre elas e ligadas ao texto por elas constituído.

Enforma-se a **coerência global**, segundo Kintsch e van Dijk (1975: 99-117), mediante a aplicação de regras – **macrorregras** – cuja finalidade é reduzir o conteúdo proposicional do texto para facilitar sua compreensão global.

Os autores apresentavam quatro **macrorregras** – **apagamento**, **seleção**, **generalização** e **construção**. Essas posteriormente foram reduzidas a três, sendo a macrorregra de seleção amalgamada à de apagamento.

A **macrorregra de apagamento** é aquela a partir da qual se podem apagar de uma sequência de proposições todas aquelas que denotam uma propriedade acidental de um referente do discurso, não necessária para sua interpretação.

Pela **macrorregra de generalização**, cada sequência de proposições pode ser substituída por uma proposição geral, a qual pode ser interpretada como uma estrutura conceitual superordenada acarretada pelas proposições constituintes, como ocorre, por exemplo, no caso da hiperonímia.

Finalmente, na **macrorregra de construção**, reduz-se a uma proposição globalizada as especificações que pormenorizam uma dada circunstância ou um contexto determinado.

A aplicação das macrorregras depende do julgamento de relevância das proposições, a partir de um esquema que especifica o tipo de informação considerada pertinente para uma tarefa de compreensão particular. Esse esquema é uma representação formal dos objetivos do leitor ou do ouvinte no processo de compreensão.

Quanto mais um texto for estruturado convencionalmente e quanto mais claros forem os objetivos do leitor, menos indeterminado é o resultado da aplicação das macrorregras para a formação das macroestruturas.

Em outras palavras, **coesão** (num nível sintático-semântico local) e **coerência** (num nível sintático-semântico-pragmático global) são elementos facilitadores desse processo. Verifica-se aqui um modelo baseado em regras e em que a conectividade lógico-semântica é condição fundamental no processo de geração de macroestruturas.

Apliquemos ao texto a seguir as **macrorregras** que se propõem como instrumento eficaz para uma atividade de resumo.

A casa materna

Há, desde a entrada, um sentimento de tempo na casa materna. As grades do portão têm uma velha ferrugem e o trinco se oculta no lugar que só a mão filial conhece. O jardim pequeno parece mais verde e úmido que os demais, com suas palmas, tinhorões e samambaias que a mão filial, fiel a um gesto de infância, desfolha ao longo da haste.

É sempre quieta a casa materna, mesmo aos domingos, quando as mãos filiais pousam sobre a mesa farta do almoço, repetindo uma antiga imagem. Há um tradicional silêncio em suas salas e um dorido repouso em suas poltronas. O assoalho encerado, sobre o qual ainda escorrega o fantasma da cachorrinha preta, guarda as mesmas manchas e o mesmo taco solto de outras primaveras. As coisas vivem como em prece, nos mesmos lugares onde as situaram as mãos maternas quando eram moças e lisas. Rostos irmãos se olham dos porta-retratos. A se amarem e compreenderem mudamente. O piano fechado, com uma longa tira de flanela sobre as teclas, repete ainda passadas valsas, de quando as mãos maternas careciam sonhar.

A casa materna é o espelho de outras, em pequenas coisas que o olhar filial admirava ao tempo em que tudo era belo: o licoreiro magro, a bandeja triste, o absurdo bibelô. E tem um corredor à escuta de cujo teto à noite pende uma luz morta, com negras aberturas para quartos cheios de sombras. Na estante, junto à escada, há um Tesouro da Juventude com o dorso puído de tato e de tempo. Foi ali que o olhar filial primeiro viu a forma gráfica de algo que passaria a ser para ele a forma suprema de beleza: o verso.

Na escada, há o degrau que estala e anuncia aos ouvidos maternos a presença dos passos filiais. Pois a casa materna se divide em dois mundos: o térreo, onde se processa a vida presente, e o de cima, onde vive a memória. Embaixo há sempre coisas fabulosas na geladeira e no armário da copa: roquefort amassado, ovos frescos, mangas-espadas, untosas compotas, bolos de chocolate, biscoitos de araruta – pois não há lugar mais propício do que a casa materna para uma boa ceia noturna. E porque é uma casa velha, há sempre uma barata que aparece e é morta com uma repugnância que vem de longe. Em cima ficaram guardados antigos, os livros que lembram a infância, o pequeno oratório em frente ao qual ninguém, a não ser a figura materna, sabe por que queima, às vezes, uma vela votiva. E a cama onde a figura paterna repousava de sua ação diurna. Hoje, vazia.

A imagem paterna persiste no interior da casa materna. Seu violão dorme encostado junto à vitrola. Seu corpo como que se marca ainda na velha poltrona da sala e como que se pode ouvir ainda o brando ronco de sua sesta dominical.

Ausente para sempre da casa materna, a figura paterna parece mergulhá-la docemente na eternidade, enquanto as mãos maternas se fazem mais lentas e mãos filiais mais unidas em torno à grande mesa, onde já vibram também vozes infantis.

Fonte: MORAES, Vinicius de. *Poesia completa e prosa*. Rio de Janeiro: Nova Aguilar, 1998, p. 259.

Possibilidades de resumo à luz das macrorregras:

1 – Macrorregra de apagamento:

Há, desde a entrada, um sentimento de tempo na casa materna [...] É sempre quieta a casa materna [...] há um tradicional silêncio em suas salas e um dorido repouso em suas poltronas [...] a casa materna é o espelho de outras, em pequenas coisas que o olhar filial admirava ao tempo em que tudo era belo. [...] Foi ali que o olhar filial primeiro viu a forma gráfica de algo que passaria a ser para ele a forma suprema de beleza: o verso. [...] A casa materna se divide em dois mundos: o térreo, onde se processa a vida presente, e o de cima, onde vive a memória. [...] A imagem paterna persiste no interior da casa materna [...]. Ausente para sempre da casa materna, a figura paterna parece mergulhá-la docemente na eternidade.

2 – Macrorregra de generalização:

Objetos guardados na casa materna fixam-se como sinais de eterna presentificação do passado.

3 – Macrorregra de construção:

As gerações que se sucedem – e se renovam nas vozes infantis – testemunham, na casa materna, os efeitos da passagem do tempo.

A composição do resumo exige a capacidade "de diferenciar o que constitui o essencial do texto e o que pode ser considerado em um determinado momento – para alguns objetivos concretos – como secundário" (Solé, 1989: 115).

Estendamo-nos um pouco mais sobre a importante questão do *resumo*.

Tomemos como exemplo um *texto narrativo* – forma de organização do texto/discurso que apresenta, talvez, maior dificuldade na elaboração do *resumo*.

Minha casta Dulcinéia

Estou numa esquina de Copacabana, são duas horas da madrugada. Espero uma condução que me leve para casa. À porta de um "dancing", homens conversam, mulheres entram e saem, o porteiro espia sonolento. Outras se esgueiram pela calçada, fazendo a chamada vida fácil. De súbito a paisagem se perturba. Corre um frêmito no ar, há pânico no rosto das mulheres que fogem. Que aconteceu? De um momento para outro, não se vê mais uma saia pelas ruas – e mesmo homens se recolhem discretamente à sombra dos edifícios.

– O que aconteceu? Pergunto a alguém que passa apressado. É a radiopatrulha: vejo o carro negro surgir da esquina como um Deus blindado e vir rodando, devagar, enquanto os olhos terríveis da Polícia espreitam aqui e ali.

[...] Eis, porém, que surgem da esquina duas mulheres, desavisadas e tranquilas. Veem o inimigo, perdem a cabeça e saem em disparada, cada uma para o seu lado. O carro da Polícia acelera, ao encalço da mulata: em dois minutos ela é alcançada e arrastada para o interior aos pescoções.

A outra, trêmula de medo, se encolhe a meu lado como um animal, tentando ocultar-se. O carro faz a volta e vem se aproximando.

– Pelo amor de Deus, moço, diga que está comigo. Já não há tempo de fugir. A pretinha me olha assustada, pedindo licença para tomar-me o braço, e, assim protegida, enfrenta o olhar dos policiais. Tomado de surpresa, fico imóvel, e somos como um feliz, ainda que insólito, casal de namorados.

[...] Passado o perigo, a preta retira humildemente o braço do meu, faz um trejeito, agradecendo, e desaparece na escuridão. Eu é que agradeço – minha senhora – é o que pensa aqui o fidalgo. Tomo alegremente o meu lotação e vou para casa com a alma leve, pensando na existência daquelas pequenas coisas, como diria o poeta, pelas quais os homens morrem.

Fonte: SABINO, Fernando. *Quadrante 1.* Rio de Janeiro: Editora do Autor, 1962, p. 41-43.

As macrocategorias, descritas no texto, organizam no esquema narrativo a *introdução* – descrição de agentes e atributos, tempo, lugar; a *complicação* – descrição de um problema; a *resolução* – sequencialidade de ações; a *conclusão* – apresentação do desfecho final de uma situação presente.

O esquema mobiliza, pois, no texto narrativo, uma situação de *equilíbrio inicial; desequilíbrio,* na complicação; *reequilíbrio final.* Assim, criam-se e quebram-se expectativas visadas no texto.

O exercício de resumo deve, por isso, atender à sequência das proposições enquanto correspondentes às informações necessárias para a manutenção da referência e da progressão temática. Assim, o resumo conserva as propriedades características da narrativa.

As regras de redução da informação semântica determinam o conteúdo das macroproposições que traduzem, sob formas diferentes, as categorias superestruturais da narrativa. Eliminam-se as proposições que não sejam pressuposições de outras; substituem-se várias proposições por uma única que englobe o conteúdo das demais.

Considera-se, no modelo narrativo, o conjunto das proposições subsequencializadas em outros conjuntos – o que permite operacionalizar da seguinte maneira a sintaxe do texto:

A – Primeiro subconjunto de proposições

> À porta de um "dancing", homens conversam, mulheres entram e saem [...] outras se esgueiram pela calçada, fazendo a chamada vida fácil.

A relação homens/mulheres que entram e saem descreve o ambiente, enquanto implica uma situação inicial de equilíbrio. Cria-se a expectativa.

B – Segundo subconjunto de proposições

> De súbito a paisagem se perturba. Corre um frêmito no ar, há pânico no rosto das mulheres que fogem. Que aconteceu?

Levanta-se o problema, a *complicação* que implica desequilíbrio ou quebra da expectativa inicial. Paira a incerteza. Que aconteceu?

C – Terceiro subconjunto de proposições

> É a radiopatrulha: vejo o carro negro surgir da esquina como um Deus blindado e vir rodando, devagar, enquanto os olhos terríveis da Polícia espreitam aqui e ali.

Os fatos sucedem-se, a narrativa avança, novas personagens corporificadas na radiopatrulha movimentam o cenário agora dramático.

D – Quarto subconjunto de proposições

> [...] Eis, porém, que surgem da esquina duas mulheres, desavisadas e tranquilas. Veem o inimigo, perdem a cabeça e saem em disparada, cada uma para o seu lado. [...] em dois minutos a mulata é alcançada e arrastada aos pescoções.

O clima de tensão acentua o desequilíbrio criado pela complicação dos acontecimentos, pelo agravamento da situação.

E – Quinto subconjunto de proposições

> [...] a outra, trêmula de medo, se encolhe a meu lado como um animal, tentando ocultar-se. [...] pelo amor de Deus, moço, diga que está comigo. [...] A pretinha me olha assustada, pedindo licença para tomar-me o braço, e, assim protegida, enfrentar o olhar dos policiais.

Há, nesse segmento, uma retomada do equilíbrio, num processo de mudança da situação. Conclui-se a história num desfecho final. É momento da resolução.

Os subconjuntos sustentam, na sucessão de fatos, as implicações lógicas existentes entre as partes da narrativa. São fatos ou ações que se alinham numa dada continuidade discursiva mantida ao ritmo da **anterioridade/posterioridade** – o que é posterior dependendo do que é anterior.

É, pois, manifestação proeminente da conectividade narrativa a coesão temporal – a que respeita as leis da sucessividade das ações ou apresenta compatibilidade entre os enunciados do texto, do ponto de vista da localização no tempo.

Os subconjuntos de proposições reduzem-se às macrocategorias da narrativa, considerando-se as regras de redução semântica de informações, por:

1 – cancelamento dos elementos propositivos em:

Primeira categoria:

> Outras se esgueiram pela calçada, fazendo a chamada vida fácil.

Segunda categoria:

> Corre um frêmito no ar. Que aconteceu

Terceira categoria:

> é a radiopatrulha.

Quarta categoria:

> Veem o inimigo, saem em disparada.

Quinta categoria:

> Pelo amor de Deus, moço, diga que está comigo.

2 – Transformação dos elementos propositivos, mantendo referência e progressão temática, num quadro de relações mais reduzido em:

Primeira categoria:

> conversam, entram e saem (mulheres)

Segunda categoria:

> assustam-se (mulheres)

Terceira categoria:

> aparece (radiopatrulha)

Quarta categoria:

> fogem (mulheres)

Quinta categoria:

> pede proteção (mulher)

Alcança-se, então, o resumo, por meio das paráfrases das categorias, no processo de redução, elaborando um novo texto:

> A radiopatrulha dispersa as mulheres que entram e saem do "dancing". Uma delas – a mulata – é arrastada para o interior do carro da polícia. A pretinha solicita e recebe apoio, agradece e desaparece na escuridão.

O esquema do texto em análise completa-se por uma avaliação e uma moral nas reflexões finais do narrador.

Cumpre-se, pois, na crônica um modelo de **superestrutura**, assim representado:

1. Um estado de equilíbrio inicial, que define uma situação estável;
2. Uma ação transformadora que corresponde à intervenção de uma força perturbadora acarretando uma situação de desequilíbrio;
3. Uma ação transformadora manifestada na força de reação da qual decorre um estado final de equilíbrio.

A coerência mantida pela integração das categorias rege as estruturas do novo texto. Não é possível a eliminação de proposições que sejam pressuposições de outras.

É, pois, inaceitável a concepção de resumo como um simples apagamento de proposições. Tem-se, ao contrário, no resumo, um "exercício de produção", de "reconstrução" – resultante do próprio reconhecimento das categorias da narrativa.

Enquanto estrutura sequencial, um texto comporta um número x de sequências – número teoricamente ilimitado. Um romance, um conto, um poema, uma breve conversação ou um discurso didático são todos, e ao mesmo título, estruturas sequenciais. É o que M. Bakhtin chama a **heterogeneidade composicional dos enunciados** (1992: 288).

É, pois, variadíssima a estrutura composicional dos enunciados constitutivos do texto, estendendo-se do vocábulo ao romance de diversas formas.

No texto no qual se apresentam, simultaneamente, segmentos descritivos, narrativos e dissertativos – o que ocorre com frequência – tem primazia, para definição do tipo discursivo global do texto, a sequência mais elevada na hierarquia. Fica, então, o critério de sua classificação atrelado à maior frequência dos traços caracterizadores do modo de organização do discurso, seja ele descritivo, narrativo ou dissertativo.

Níveis de construção do texto

Sustentam a construção do texto três dimensões em três níveis diferenciados: a **dimensão sintática**, a **dimensão semântica** e a **dimensão pragmática**.

No **nível sintático**, assentam-se as relações entre os signos; o **nível semântico** acentua as relações dos signos com o mundo para o qual remetem; o **nível pragmático** diz respeito às relações entre os signos e os seus intérpretes, ao uso que esses intérpretes fazem da língua.

Tem-se, pois, o texto **como unidade sintático-semântico-pragmática**. Detenhamo-nos em cada uma dessas dimensões:

Dimensão sintática

Como vimos, o eixo da textualidade fixa-se na ordenação sintática do texto – ordenação configurada na linha coesiva textual. Da sintaxe bem-estruturada depende a garantia da unidade do texto – unidade resultante de um conjunto de relações.

Se houver atenção a esse critério de unidade, uma frase pode constituir um texto, ao passo que um conjunto de várias frases desconexas, mesmo que obedecendo a uma restrição temática, não alcança o nível da textualidade. As frases só sustentam a textualidade se refletirem os padrões sintáticos que identificam a estrutura de uma língua.

Na estrutura enunciativa do texto, estabelece-se, pois, um processo comunicativo, cujo produto tem como característica a unidade. Com essa unidade compromete-se, como vimos, a *coesão* – resultante, repetimos, da ligação entre os elementos superficiais do texto: o modo como se relacionam, a maneira como frases ou parte delas se combinam para assegurar um desenvolvimento proposicional.

Na concepção de texto como trama, ressalta-se a forte recorrência de determinados esquemas sintáticos presidindo a sequenciação organizadora da textualidade. Organização tecida de relações com as quais se opera à luz da teoria do texto e da teoria gramatical para – nessa necessária sintonização – efetivar a integração entre os ditames da gramática e a constituição do texto. (cf.: Guimarães, 1990: 130).

Assim, por exemplo, em relação ao **ensino de análise sintática**, faz-se necessária a integração das estratégias de análise com exercícios que levem à clareza e à lógica da expressão, ou seja, à coesão e à coerência do texto. Mais importante do que dividir e classificar orações é captar os nexos que as integram umas nas outras, por procedimentos diversificados, tais como relações de causa e efeito, traços de caracterização apontados pela oração adjetiva, processos circunstanciais expressos na oração adverbial. Um exemplo de circunstância expressa em oração encontra-se na tirinha a seguir, precisamente nas orações adverbiais temporais iniciadas por "quando": "quando você estivesse bebendo" (quadrinho 3) e "quando você estivesse de ressaca" (quadrinho 4). Vejamos:

Mundo Monstro, Adão Iturrusgarai

Fonte: *Folha de S.Paulo*, 23 jan. 2009.

Assim, verificam-se formas de abordagem semântica na análise de estruturas sintáticas da língua – o que significa, inclusive, uma revitalização do ensino da gramática.

> A abertura para outras dimensões da língua, como o texto e o discurso, não significa eliminar tudo o que a tradição gramatical construiu. É possível o ensino da gramática dentro de práticas concretas de linguagem. Portanto, o estudo da gramática no texto implica lê-lo pela perspectiva da língua, isto é, dos recursos linguísticos utilizados pelo autor para dar sentido ao texto.
> Entende-se ainda a **dimensão sintática** ao ser ela concebida como uma ferramenta essencial que entra na construção de um observatório dos discursos e permite a observação, análise e manipulação dos enunciados, já que a mediação sintática intervém no domínio discursivo.
> Essa interface sintaxe/discurso é relevante. De um lado, a **sintaxe** identifica-se como aquilo que dá feição própria a uma língua, traçando-lhe a organização estrutural; de outro, o **discurso**, como processo de produção de sentido, tem na língua, na sintaxe, um suporte decisivo na constituição de sua materialidade linguístico-histórica.

> O sistema da língua guarda em si a necessidade do ordenamento, acompanhando a tensão constante entre a liberdade e a coação que lhe é constitutiva. Lembre-se de que há fatos que surpreendem a linguagem, perturbam a ordem do sistema e driblam suas regras.

Retomando o princípio que vê no texto uma unidade sintático-semântico-pragmática, detenhamo-nos na dimensão semântica.

Dimensão semântica

Nesse tipo de dimensão, processa-se o texto pela interdependência dos elementos que o constituem, definindo-se pelas relações de sentido presentes no seu interior. Tem-se aí a textualidade configurada em fatores de coesão lexical.

Nessa configuração, torna-se necessário salientar o importante papel da anáfora que se propõe não apenas como retomada referencial, mas como fator de construção da teia do texto, conforme veremos mais adiante.

No que diz respeito à referenciação, é importante ressaltar que, muitas vezes, a reativação de referentes é promovida por *indícios* ou *pistas* embutidas no texto, capazes de gerar inferências, como no exemplo seguinte:

> As galas do momento faziam sorrir a *paisagem*. O arvoredo do imenso *jardim*, entretecido a cores por mil bandeiras, brilhava ao sol vivo com o esplendor de estranha alegria.
>
> Fonte: POMPÉIA, R. *O Ateneu*. São Paulo: Ática, 1970, p. 12.

No exemplo, note-se o efeito do emprego do termo *jardim* podendo ser interpretado como recuperador da ideia referenciada no termo *paisagem*.

No processo de referenciação, os referentes são introduzidos como *objetos de discurso,* segundo a proposta de Apothéloz e Reichler-Béguelin (1995), e a referenciação depende de estratégias de formulação textual, linguísticas principalmente. Assim, a referenciação textual – situada no nível linguístico do texto pode ser compreendida como suporte para construção do sentido desse texto.

Uma das formas mais representativas da referenciação é a **nominalização** – mecanismo que possibilita a condensação de proposições em construções substantivas geralmente derivadas de verbos ou de adjetivos e desempenha o papel de recurso de coesão lexical a serviço do que Halliday (1976) chama de *função textual da linguagem.*

Nesse processo, ocorre uma série de fenômenos decisivos para a constituição do texto.

Observemos alguns desses fenômenos:

> 1 – O menino desaparecera. Explica-se a *fuga* pelo temor que o dominava.

Note-se, no exemplo, que, não obstante o substantivo *fuga* não corresponder ao verbo *desaparecer,* faz-se suficiente para nominalizar o processo expresso na oração precedente.

> 2 – A situação é assustadora de se encarar. Esse *temor* é demonstrado por todos.

Verifica-se, no exemplo, a referenciação efetivada pelo substantivo abstrato *temor*.

> 3 – O governo retoma todo um processo de recuperação das áreas verdes no país. Trata-se de louvável *preocupação.*

Também nesse segmento o substantivo predicativo não tem base verbal em relação ao que o precede. O termo *preocupação* é o que retoma a ideia expressa em *retoma todo um processo de recuperação das áreas verdes no país*.

Além desses casos, salientam-se aqueles em que a recuperação se faz por meio de nominalização de atividades de natureza linguística. Assim, denominações de atividades linguísticas ou discursivas como *essa afirmativa*, no exemplo seguinte:

> O professor ponderou que nota é resposta ao mérito do aluno. *Essa afirmativa* levou a classe a se dedicar melhor aos estudos.

O mesmo ocorre com o termo *explicação* em:

> Ficaram bem entendidas as propostas. *A explicação* foi dada com suficiente clareza.

Ainda no exemplo

> Ri melhor quem ri por último. *Esse provérbio* traduz sabedoria.

opera-se a nominalização pelo emprego do nome de uma entidade de natureza linguística *Esse provérbio*.

Voltando ao princípio da importância da anáfora, seja como instrumento de retomada referencial, seja como fator da dimensão semântica do texto, lembremos que existem casos em que não se pode saber se a retomada anafórica diz respeito ao processo ou ao estado expresso na oração antecedente. Essa questão será retomada no **tópico a seguir**.

O mesmo ocorre quando um sintagma anafórico pode retomar um objeto epistêmico, isto é, correspondente a um julgamento, como em "Você acha que vou acreditar nisso?", que retoma toda uma situação expressa anteriormente na qual o locutor se recusa a acreditar; ou até quando retoma não só uma oração, mas uma sequência delas, resumindo o enunciado por meio de um substantivo, como acontece no exemplo a seguir:

> O professor aliou-se ao diretor na organização dos cursos, convocou os candidatos aos exames preliminares, nomeou os participantes da banca examinadora. *Tais providências* seriam indispensáveis para o bom andamento do processo.

Concebe-se ainda a anáfora por meio de associação de ordem semântica, quando se trata de um referente que não foi ainda explicitado no texto, mas que se articula com um todo no qual se inserem as partes. Assim, por exemplo, os termos *aluno, professor, livro, nota, repetência,* que dizem respeito a escola.

As associações dependem de conhecimento genérico; os interlocutores que participam do texto devem compartilhar o conhecimento dessas associações. Pode-se, portanto, afirmar que o sintagma nominal anafórico associativo é novo – do que se infere que a anáfora associativa *introduz* um objeto de discurso, no lugar de se *remeter* a outro.

Assim, repetimos: a anáfora é mais do que uma simples retomada referencial, ou seja, é imprescindível fator para a construção da teia do texto. Frise-se ainda ser a organização anafórica do texto um procedimento mais econômico para manter ativado o conteúdo conceptual de uma expressão.

Ao lado da anáfora situa-se o fenômeno da *catáfora*, que consiste no emprego de uma forma, geralmente, pronominal antes da expressão correferente. O texto a seguir exemplifica o conceito de catáfora:

Passei dias no escritório lendo coisas, providenciando, funcionando. E, enquanto isso, *ela* invadia a bela República do Líbano e dançava e sorria por todos os campos, entre a cordilheira e o mar. *Ela* havia chegado, e eu não vira, a *Primavera*.

Fonte: BRAGA, Rubem. *Ai de ti Copacabana:* Rio de Janeiro: Editora do Autor, 1960, p. 25-26.

Os pronomes sublinhados no texto são *catafóricos* em relação ao termo a *Primavera*.

Valioso instrumental na progressão da informação textual, a *catáfora* representa ainda poderosa motivação para que os leitores se adentrem no relato. Não se nega a utilidade desse recurso no sentido de atrair o foco da atenção sobre um determinado segmento do texto. Ilustra esse fato o exemplo a seguir:

Estávamos todos, aqui da vizinhança, acostumados a vê-*lo*, parado em frente à casa dos gatos. Eu *o* conhecia havia quatro anos. Quieto, acabrunhado, um farol arrebentado, a pintura que foi gelo adquirido cor macilenta. Estilhaços de ferrugem. Seus pneus duraram algum tempo, murcharam, carecas. Os cromados cheios de pontos negros. Mas os vidros misteriosamente intactos. Fusquinha acabou uma espécie de mascote...

Fonte: BRANDÃO. O mascote. *Folha de S.Paulo*, 2 jun. 2003.

No texto, os pronomes vê-*lo*, *o*, ao lado de traços descritivos, vão anunciando, enquanto aguçam a curiosidade do leitor, o objeto de discurso representado no *Fusquinha – um espécie de mascote*. Tem-se um texto todo organizado em estrutura catafórica, os pronomes funcionando cataforicamente em relação a Fusquinha.

Considerados alguns aspectos definidores da dimensão sintática e da dimensão semântica no traçado do texto, passemos a reflexões em torno da dimensão pragmática.

Dimensão pragmática

As dimensões pragmáticas da linguagem vinculam-se, nos seus aspectos centrais, à enunciação, que é força organizadora particularmente determinante da própria estrutura da língua.

Considera-se a pragmática integrada na sintaxe e na semântica, dado que as dimensões pragmáticas da significação se inscrevem de raiz tanto no funcionamento dos discursos quanto na própria estrutura interna da língua. A gramática do texto rompe, então, com as fronteiras geralmente admitidas entre a semântica e a pragmática, entre o imanente e o situacional.

A concepção pragmática se opõe à ideia de que a língua seja apenas um instrumento para transmitir informações; coloca em primeiro plano o caráter interativo da atividade de linguagem, recompondo o conjunto da situação de enunciação.

O nível pragmático funde-se, fixa-se imbricado nos níveis gramatical e léxico-semântico – as variadas interações que se dão no discurso. Referindo-se ao funcionamento do texto enquanto atuação informacional e comunicativa, a pragmática salienta o uso que o sujeito faz da língua. Portanto, o que se enquadra na dimensão pragmática é o que se relaciona com a exploração das atitudes do produtor e do receptor do texto, nas situações de comunicação. Ligam-se, por conseguinte, nesse quadro, os traços textuais da **intencionalidade** referentes a atitudes do produtor; os da **aceitabilidade** ligados a reações do receptor; os da **situacionalidade** relacionados com as situações comunicativas.

Produtor e receptor/interpretador do texto, na medida em que manejam a linguagem, mobilizam uma série de estratégias – de ordem sociocognitiva, interacional e textual – com vistas à produção de sentido. A análise desse manejo tem seu instrumental na teoria dos *atos de fala*. Segundo Austin (1990), os atos de fala manifestam três possíveis realizações, ou seja, há três tipos de atos de fala:

- **atos locutórios ou locucionais**, representados por frases coerentes e contextualmente adequadas.

> Exemplo: O dever foi bem-cumprido por todos.

- **atos ilocutórios ou ilocucionais**, configurados em frases linguisticamente operativas, reveladoras da intenção do falante.

> Exemplo: Prometo que não incorrerei no mesmo erro.

- **atos perlocutórios ou perlocucionais**, expressos em frases cujo sentido exige interação do ouvinte.

> Exemplo: Responda-me, por favor: os livros foram bem-aproveitados?

No que diz respeito aos atos **ilocutórios** e **perlocutórios**, considera-se que o que os distingue é que o **ilocutório** promove o reconhecimento da intenção do locutor por parte do alocutário – o que não acontece com o ato perlocutório.

Está presente no ilocutório a intenção de produzir no alocutário um certo ato mental, mediante o qual ele reconhecerá a intenção do falante .

Para Austin (1990), o caráter acional dos enunciados está ligado ao uso de certos verbos da língua, como *declarar, prometer, aprovar, avisar, apostar, pedir.* São os verbos denominados *performativos.* Sua natureza performativa corresponde à realização de ações.

Das considerações apresentadas por Austin, vê-se a caracterização dos atos ilocutórios fortemente centrada sobre o locutor, sobre sua intenção comunicativa. A pragmática linguística concebe, pois, o emissor de uma mensagem gerando um ato emanado de uma indiscutível *intencionalidade* e adaptado a um contexto, movido por um *ato de fala* capaz de mover a vontade de ação do receptor.

É válido lembrar que a associação entre uma teoria da ação e uma descrição da linguagem propicia a ocorrência de fatos significativos, notadamente para a descrição daquilo que a gramática tradicional chama os *tipos de frases.* Assim, nos seguintes exemplos:

> 1 – Pedro chegou.

> 2 – Pedro chegou?

> 3 – Chegue, Pedro.

cujo conteúdo proposicional é idêntico, cumprem-se três atos diferentes em três tipos de frase – **assertiva**, **interrogativa** e **imperativa** – que correspondem às três funções mais importantes do discurso: **afirmar**, **perguntar** e **ordenar**.

Essas três funções refletem os três principais comportamentos do homem que fala e age sobre seu interlocutor por meio do seu discurso: transmitir um dado conhecimento, obter uma informação ou dar-lhe uma ordem, respectivamente.

A diferença entre esses três atos ilocucionais ou ilocutórios está na forma das frases correspondentes, ou seja, na estrutura sintática e na entonação. É essa diferença que diz respeito à linguística.

Pode ainda acontecer que um enunciado não cumpra o ato ilocutório associado à sua forma. Assim, a frase Pode você abrir a porta? não significa geralmente uma pergunta, mas uma ordem. Nesse tipo de caso, diz-se haver um *ato de fala indireto* (ver anteriormente seção "Dimensão pragmática").

Cabe à estrutura interrogativa a função de veicular pergunta; no entanto, essa estrutura pode servir de suporte significante a outros valores ilocutórios – fato do qual decorre a conveniência de se estabelecer uma distinção entre os conceitos de interrogação e pergunta.

Examinemos as frases seguintes:

1 – Pergunto-te se sabes o final da história.

2 – Não sei se sabes o final da história.

Esses dois casos, embora sintaticamente considerados frases interrogativas **indiretas**, são, do ponto de vista pragmático, bastante diferentes. O primeiro veicula um ato de discurso direto explicitado pelo emprego do verbo performativo – *perguntar*; o segundo exprime a pergunta só de modo indireto.

Retomando o que se expôs sobre as três dimensões do texto – **sintática**, **semântica** e **pragmática** –, torna-se possível considerar que a pragmática engloba a semântica e a sintaxe. Essa parece ser a base da análise do discurso, da pragmática linguística ou da linguística do texto.

Nessa linha, Simon Dik (1978), adotando um enfoque funcional ou comunicativo dos modelos linguísticos, apresenta os seguintes traços diferenciais entre o que ele chama *paradigma formal (linguístico) e paradigma funcional ou pragmático (comunicativo)*:

	Paradigma formal	Paradigma funcional
a) Como definir uma língua	Uma língua é um conjunto de orações.	Uma língua é um instrumento de interação social.
b) Função primária de uma língua	A função primária de uma língua é a expressão de pensamentos.	A função primária de uma língua é a comunicação.
c) Correlato psicológico	O correlato psicológico de uma língua é a competência: a capacidade de produzir, interpretar e julgar orações.	O correlato psicológico de uma língua é a competência comunicativa.
d) O sistema e sua utilização	O estudo da competência tem prioridade lógica e metodológica sobre o da atuação.	O estudo do sistema da língua tem lugar desde o próprio começo, dentro da marca do uso linguístico.

e) Linguagem e localização	Devem-se descrever as orações de uma língua independentemente da localização (contexto e situação em que são utilizadas).	As descrições das expressões linguísticas devem proporcionar pontos de contato para a descrição de seu funcionamento em dadas situações.
f) Aquisição da linguagem	O aluno descobre uma gramática da língua, fazendo uso de suas qualidades inatas sobre a base de uma entrada de dados linguísticos bastante restrita e assistemática.	O aluno descobre o sistema que há sob a língua e seu uso, apoiando-se numa entrada muito estruturada de dados linguísticos apresentados em localizações naturais.
g) Universais linguísticos	Os universais linguísticos consideram-se propriedades inatas do organismo humano.	Os universais linguísticos explicam-se em termos das relações inerentes a metas da comunicação, constituição biológica dos usuários da linguagem.
h) Relação entre sintaxe, semântica e pragmática	A sintaxe é autônoma em relação à semântica; a sintaxe e a semântica são autônomas em relação à pragmática; a hierarquia de prioridades vai da sintaxe à pragmática, passando pela semântica.	A pragmática é a marca dentro da qual se devem estudar a semântica e a sintaxe: a semântica está subordinada à pragmática e a sintaxe à semântica.

Portanto, num paradigma funcional, define-se a língua pela **interação social**. Define-se o conhecimento da língua pela **competência comunicativa** – instrumento dessa interação. Seu estudo implica o uso que os falantes fazem das expressões e a pragmática é a marca que explica a fusão entre sintaxe e semântica. Importa ainda priorizar o princípio que considera a captação da língua como sistema a partir de dados linguísticos presentes em comunicações naturais. De fato, os campos de atenção preferidos para a pragmática são os fatores que intervêm nas situações naturais de comunicação e, de forma mais concreta, os atos ilocutivos.

Implícitos no texto

A interligação da semântica com a pragmática manifesta-se não só na superfície do texto, como ainda nos seus **implícitos**, sob a forma de pressupostos ou nas feições de subentendidos que, na troca linguageira, representam-se como estratégias linguísticas e referenciais, destinadas a fazer compreender não somente o que é dito com palavras novas, mas também com silêncios.

Não se nega o fato da presença do **implícito** em tudo o que dizemos; cada vez que falamos, oculta-se em nossa fala grande parte de implícito – a linguagem comportando uma parte de significação deixada à interpretação. Para termos uma clara ideia do que acabou de ser explicado, vamos ler a tirinha:

Recruta Zero Mort Walker

Fonte: *Folha de S.Paulo*, 13 set. 1997.

Na leitura da tirinha, facilmente percebemos que a pergunta contida no balão do segundo quadrinho não é simplesmente uma pergunta, mas encerra uma insinuação ou, se preferirmos, uma acusação. Como vemos, recorre-se aos implícitos para que se possam construir os sentidos possíveis do **não dito**, do **interdito**, do **subtexto**, da **subjetividade**. As diferentes significações do enunciado, embutidas nos implícitos, condicionam-se ao contexto no qual o enunciado é produzido, bem como ao ato de fala no qual ele se encontra inserido e à intenção com a qual foi formulado.

Etimologicamente, **implícito** significa "que pode ser implicado". Em todo enunciado, pode-se distinguir um **posto** e um **pressuposto** – o pressuposto designando o que pode ser implicado logicamente pelo posto. Funcionando de maneira lógica, o pressuposto torna-se difícil de ser recusado, devendo ser aceito pelo locutor bem como pelo interlocutor.

Quando se formula um enunciado, evidencia-se o que esse enunciado implica logicamente. Se se diz, por exemplo, Todos os amigos de José estiveram aqui, pressupõe-se que José tem amigos. Em lógica, descreve-se esse mecanismo sob a denominação de *inferência*. Em pragmática, propõe-se reservar-lhe o nome de *pressuposição*. Trata-se de uma primeira categoria de implícito – o implícito de tipo lógico.

Em princípio, pode-se dar ao pressuposto um sentido somente lógico. Alguns teóricos, entretanto, como Ducrot (1989), propõem alargar a noção e dela fazer um ato de fala de tipo ilocutório. Assim, encontra-se o termo *pressuposição* empregado em sentido lato, próximo do termo *implícito*. Seu sentido decorre necessariamente do sentido de dadas palavras ou expressões contidas na frase. Nessa perspectiva, encontra-se na gramática uma série de marcadores de pressupostos, tais como adjetivos, advérbios, conjunções. Observem-se os seguintes exemplos:

1 – Os partidos socialistas garantem a democracia no Brasil.

> **Pressuposto**: há partidos socialistas no Brasil.

2 – As vantagens da decisão *ainda* não chegaram até aqui.

> **Pressupostos**: as vantagens já deviam ter chegado;
> as vantagens vão chegar mais tarde.

3 – Diplomou-se em direito, mas não advoga bem.

> **Pressuposto**: o fato de ter-se formado em direito não significa ser bom advogado.

Os pressupostos configuram-se como conteúdos que, sem estarem presentes na mensagem de modo explícito, estão intrinsecamente inscritos no enunciado. São, em geral, independentes do contexto.

> **Exemplo**: Pedro impede Maria de partir.
> **Pressuposto**: Maria quer partir.

Independentemente de seu caráter semântico ou, em alguns casos, pragmático, são informações que se dão por sabidas ou cujo conhecimento, em alguns casos, se provoca.

Como vimos, há na **gramática** uma série de marcadores de pressupostos, configurados em diversas **classes de palavras**. Esses marcadores evidenciam linguisticamente o que está pressuposto no texto.

Ao lado do implícito sob forma de **pressuposto**, registra-se o implícito configurado no **subentendido**.

Na frase

Ainda que tenha estudado muito, José não aprendeu.

– o **posto** é José não aprendeu.

– o **pressuposto** é José estudou muito.

Existe, entretanto, outro elemento de significação que não é possível descrever por meio dessas relações lógicas. Com efeito, de uma maneira ou de outra, a frase supõe que, em geral, se se estuda muito, aprende-se. Pode-se dizer que não se trata de pressuposto lógico, mas de implícito no sentido estrito, isto é, de subentendido. Sua percepção depende de códigos sociais e culturais, ou de nosso conhecimento de certo número de máximas conhecidas – objeto de um acordo geral – e entre as quais nos apoiamos para novos propósitos. Os **subentendidos** são, portanto, informações que podem ser veiculadas por enunciados cuja atualização é tributária do contexto enunciativo.

A captação dos **subentendidos** requer, portanto, conhecimentos indispensáveis sobre, por exemplo, o contexto sociossituacional, conhecimento mútuo entre os interlocutores, seus saberes partilhados, suas relações.

Não são os **subentendidos** codificados nos componentes lexicais e sintáticos. São dependentes do contexto, portanto, ligados à enunciação. É preciso que dadas condições contextuais sejam reunidas – um tom particular, um gesto, um piscar de olhos, uma hesitação – para produzir o subentendido ou tornar nebuloso o sentido explícito.

> No plano pragmático, é o receptor que assume a responsabilidade do subentendido. O produtor do texto pode perfeitamente eximir-se dessa responsabilidade.

Em relação ao posto, o **subentendido** tem um comportamento diferente: ele pode deixá-lo intacto, como o pressuposto, ou entrar em contradição com ele, como o faz, por exemplo, a **ironia**. A ironia faz parte dos subentendidos e não dos pressupostos, visto que **não** é marcada linguisticamente, mas se dá pela tomada de consciência do contexto e da entonação, porque obriga a colocar em relação o texto e a realidade. O texto irônico é um implícito que não funciona sobre o modelo do circuito aberto, mas sobre o circuito de um sistema de reticências, de suspense, exercendo todo tipo de pressão cotextual ou contextual sobre o leitor para assegurar sua legibilidade.

Diz-se ainda haver **subentendido** quando uma asserção traz um elemento de informação que é indiscutivelmente posto como verdadeiro, mas que **não** é verdadeiramente pertinente em relação ao contexto, de modo que o interlocutor é levado a substituí-lo por outro.

Para exemplificar essa ocorrência, lembra-nos de que –, certa vez em Cuba, perguntou-se a um professor: –"Você aprecia Fidel Castro?", ao que o professor respondeu : – "Eu amo a minha pátria". Pode-se facilmente deduzir, por subentendido, que Fidel Castro não é apreciado por esse professor.

Ao **pressuposto** e ao **subentendido**, acrescenta-se o *implícito intencional*. Saber o que é ou não intencional constitui questão importante para os teóricos da pragmática, tais como Austin e Searle, uma vez que para esses autores – como vimos – as formas de implícito ligam-se ao aspecto ilocutório da linguagem, o qual está submetido a maior ou menor sucesso.

Nesse nível, não será paradoxal dizer que o **implícito** pode fazer parte ainda de certa forma de explicitação utilizada pelo enunciador, como, por exemplo, um gesto. Tem-se ainda no silêncio significativa forma de implícito: mostra e oculta a verdadeira intenção de comunicação. Trata-se de um procedimento segundo o qual se pode jogar com a língua em situações de enunciação difíceis e delicadas, quando a linguagem se mostra incapaz de resolver problemas identificados como questões penosas para a comunicação. São infinitas as possibilidades que se nos abrem entre as leis da linguagem e o silêncio.

> Das considerações tecidas em torno dos **implícitos** no texto conclui-se que a base do funcionamento do implícito é a renovação constante, segundo os enunciados e os contextos de sua produção, dos princípios de sua interpretação.
>
> A presença do **implícito** na constituição do texto está entre os aspectos mais explorados da pragmática e leva a modificações radicais ligadas à visão do enunciado.
>
> É fato indiscutível que a leitura não deixa de ser altamente criadora quando ilumina os subentendidos.

Progressão temática

Da vinculação entre os componentes de natureza sintática, semântica e pragmática do texto deve decorrer a **progressão**

temática – traço indispensável no processo da textualização, sem o qual não se pode conceber a textualidade ela própria.

Adam (2005: 47) classifica e descreve os diversos tipos de progressão temática, ou seja, as diferentes estratégias de retomada e avanço do texto, com base nas noções de **tema** e **rema**, ou seja, a informação apresentada como conhecida (**tema**) ou como nova (**rema**).

É a seguinte a classificação proposta por Adam:

1 – Progressão com tema constante: o mesmo tema retomado de uma frase e outra e associado a temas diferentes. Exemplo:

> Quaisquer *lugares* de comércio permitem aos amantes de livros se reencontrarem livremente com calma. Há *lugares* em que se encontram as novidades no dia do seu lançamento. Há *lugares* onde se pode falar sobre os livros a pessoas que os leram.

O exemplo mostra a retomada do tema lugares completado por três remas diferentes:

> 1 – permitem aos amantes de livros se reencontrarem

> 2 – encontram-se as novidades no dia do seu lançamento

> 3 – (neles) se pode falar sobre os livros a pessoas que os leram

2 – Progressão por tematização linear: o rema de uma mesma frase torna-se o tema da segunda cujo rema fornece, por sua vez, o tema da seguinte.

A **tematização linear** é representada na retórica sob o nome de *anadiplose* – uma figura sintática por repetição que se apresenta como a retomada, no princípio de uma unidade sintática – que pode ou não ser uma frase – do elemento situado no fim da unidade precedente. Exemplo:

> Sobre o mar há um barco – no barco, há uma cabine – na cabine, há uma gaiola – na gaiola, há um pássaro – no pássaro, há um coração.

Os exemplos foram selecionados do *Dicionário de análise do discurso*, de Charaudeau e Maingueneau (São Paulo: Contexto, 2004, pp. 463-4).

3 – **Progressão de temas derivados**: organiza-se a partir de diferentes subtemas. Exemplo:

> As duas admiráveis narrativas estão entre as mais características do gênero de Machado de Assis. Em *D. Casmurro*, o autor deixa em suspense a questão da traição de Capitu. Em *Memórias póstumas de Brás Cubas*, o escritor atinge a plena maturidade do seu realismo de sondagem moral.

No exemplo, *D. Casmurro* e *Memórias Póstumas de Brás Cubas* são **subtemas** de duas narrativas. A articulação tema/rema evidencia a função coesiva dos diferentes tipos de retomadas temáticas de um lado; de outro, o papel do rema na dinâmica da progressão dos enunciados. O **tema** é, do ponto de vista do enunciador, o ponto de partida do enunciado. O grupo temático é menos informativo, dada sua inscrição no contexto de uma recuperação dêitica ligada à situação de enunciação.

Ponto de apoio dos enunciados, a parte temática é, pois, contextualmente dedutível. O grupo do **rema** corresponde ao que é dito do tema; é o elemento frástico posto como o mais informativo – o que faz avançar a comunicação.

Observemos que as formas de organização temática resultam de uma opção de expressão. Entretanto, essa opção é fortemente condicionada ao **tipo de texto** (ver seção "Tipos textuais"). Por exemplo, a **progressão com tema constante** pode ser característica da narração, mas também da explicação e da argumentação; a **progressão por temática linear** aplica-se ao texto explicativo; a **progressão de temas derivados**, ao texto descritivo. Porém, os diferentes tipos de progressão podem estar combinados entre eles em um mesmo texto.

Quanto mais objetiva e simplificada a construção sintática, tanto mais facilitado o processo de captação da dicotomia **tema/rema** ou **tópico/comentário**. Quanto mais equilibrada a sintonia tema/rema, tanto mais salvaguardada a linha de coesão do texto.

> A sustentação da linha de coesão/coerência do texto – consubstanciada no esquema sintático – concretiza-se na junção tópico/comentário, formando a estrutura temática e a estrutura informacional (Mateus, 1983). Do equilíbrio entre esses dois tipos de estruturas resulta a sintonia entre sintaxe e semântica.

Sintonia entre sintaxe e semântica

É possível aferir a sintonia entre **sintaxe e semântica** na tese defendida por Danes (apud Bérnardez, 1995: 129) no sentido de traduzir as operações cognitivas em *proposições nucleares,* isto é, em *representações semânticas* dessas proposições, cuja tradução ou redação permite distinguir nitidamente **tema/rema**, ficando clara a carga informativa transmitida pelo comentário, de muito maior peso do que a informação contida no *tópico,* uma vez que este, como vimos, desempenha a função mais simples de reavivar na memória do receptor um dado já conhecido.

Analisemos, à luz dos princípios das proposições nucleares, o texto a seguir, tentando deixar patente o processo de seu desenvolvimento em **tema/rema** ou **tópico/comentário**, ao mesmo tempo que acentuando a importância da estruturação sintática no tocante à maior ou menor dificuldade a que se sujeita esse tipo de análise.

Problemas do ensino no Brasil

O Brasil teve uma das maiores expansões da rede escolar em todo o mundo, mas a massificação do ensino reduziu drasticamente a qualidade das escolas e os salários dos professores.

Diante das necessidades, o país investe pouco em educação. As taxas de repetência são as maiores do mundo.

No entanto, o maior problema é a ineficiência dos recursos empregados. Com a mesma taxa de investimento na área, países com PIB semelhante conseguem resultados melhores.

Diante de suas possibilidades econômicas, o Brasil tem a pior taxa de analfabetismo funcional do mundo (analfabeto funcional é aquele que tem menos de quatro graus de escolaridade).

Fonte: ROSSI, Clóvis. Problemas do ensino no Brasil. *Folha de S. Paulo,* 31 jul. 1994, A8.

Parágrafo 1:

O Brasil teve uma das maiores expansões da rede escolar em todo o mundo, mas a massificação do ensino reduziu drasticamente a qualidade das escolas e os salários dos professores.

Proposição 1: no Brasil, uma das maiores expansões da rede escolar.
Proposição 2: redução drástica, pela massificação do ensino, da qualidade das escolas e dos salários dos professores.

Parágrafo 2:

> Diante das necessidades, o país investe pouco em educação. As taxas de repetência são as maiores do mundo.

Proposição 1: pouco investimento em educação no Brasil.
Proposição 2: as maiores taxas de repetência do mundo.

Parágrafo 3:

> No entanto, o maior problema é a ineficiência dos recursos empregados. Com a mesma taxa de investimento na área, países com PIB semelhante conseguem resultados melhores.

Proposição 1: ineficiência dos recursos empregados.
Proposição 2: melhores resultados conseguidos por países com PIB semelhante.

Parágrafo 4:

> Diante de suas possibilidades econômicas, o Brasil tem a pior taxa de analfabetismo funcional do mundo (analfabeto funcional é aquele que tem menos de quatro graus de escolaridade).

Proposição única: no Brasil, a pior taxa de analfabetismo funcional do mundo.

Parágrafo 1	
TEMA	**REMA**
P1-T1 – o Brasil	R1 – teve uma das maiores expansões da rede escolar em todo o mundo.
P2-T2 – a massificação do ensino	R2 – reduziu drasticamente a qualidade das escolas e os salários dos professores.
Parágrafo 2	
TEMA	**REMA**
P1-T1 – o país	R 1 – ainda investe pouco em educação.
P2-T2 – as taxas de repetência	R 2 – são as maiores do mundo.
Parágrafo 3	
TEMA	**REMA**
P1 – T1 – a ineficiência dos recursos empregados	R 1 – é o maior problema
P2 – T2 – países com PIB semelhante	R2 – conseguem resultados melhores.
Parágrafo 4	
TEMA	**REMA**
P1 – T1 – o Brasil	R2 – tem a pior taxa de analfabetismo funcional do mundo.

Constatada perfeita consonância entre **tema** e **rema** no núcleo das proposições, torna-se evidente o equilíbrio com que a linha de **coesão/coerência** se mantém no texto. Pode-se dizer que se trata de uma produção textual dotada de *rematização plena*.

A variedade de relações conceptuais que vinculam os **tópicos** aos **comentários** sustenta-se numa estrutura sintática bastante clara – o que facilita enormemente a distinção **tema/**

rema. Essa vinculação geradora da perfeita *sequenciação do texto*, ou seja, de sua **coesão** patenteia-se até mesmo em termos quantitativos: há um considerável equilíbrio formal numérico entre os enunciados temáticos e os remáticos.

> Essas considerações permitem formular a seguinte conexão: todo texto – e as frases que o constituem – possuem, de um lado, elementos referenciais recorrentes pressupostamente conhecidos, que asseguram a coesão do conjunto; de outro lado, elementos postos como novos, portadores da expansão e da dinâmica da progressão informativa. Todo texto é uma unidade em tensão entre:
> - *um princípio de coesão:* texto é uma série de enunciados elementares ligados entre si;
> - *um princípio de progressão:* texto é uma série progressiva de enunciados elementares.

Relações transtextuais

Gérard Genette, em sua conhecida obra *Palimpsestos* (1982), define a **transtextualidade** ou **transcendência textual do texto**, indicando os cinco tipos existentes de relações transtextuais:

- a **intertextualidade**, definida como uma relação de copresença entre dois ou mais textos;
- a **paratextualidade** ou relação que o texto mantém com seu paratexto: título, subtítulo, prólogo, epílogo, notas à margem, notas de rodapé, entre parênteses;
- a **metatextualidade** ou relação do texto com outro que fala dele, como ocorre, por exemplo, na resenha, na recensão. Trata-se de uma relação de ordem crítica;

- a **hipertextualidade** ou relação que une um texto B (hipertexto) a um texto anterior A (hipotexto), no qual se enxerta, de maneira que não se trata de comentário; hipertexto é todo texto derivado de outro anterior por transformação simples ou transformação indireta;
- a **arquitextualidade** ou conjunto de categorias gerais ou transcendentes, das quais depende qualquer discurso (tipos de discurso modos de comunicação, gêneros literários).

Tomemos como objeto de comentário e análise, no momento, uma dessas relações transtextuais: a **metatextualidade**. A **intertextualidade** será explorada mais adiante.

Leiamos, então, a seguir um exemplo de recensão, que toma por objeto de crítica a *Gramática do português contemporâneo*, de autoria de Celso Cunha.

> CUNHA, Celso. *Gramática do Português contemporâneo*. Belo Horizonte: Bernardo Álvares, 1970.

As referências elogiosas tornam-se supérfluas, quando se trata de comentar um livro do Professor Celso Cunha. A sua vastíssima bibliografia se caracteriza sempre pela lucidez e novidade com que fixa os assuntos ventilados; cada livro que publica passa logo a constituir-se peça fundamental do assunto estudado.

Não faz exceção esta sua gramática. Nenhum estudioso de Português pode daqui em diante furtar-se a seu manuseio constante.

Entre os seus muitos méritos, um queremos assinalar com particular ênfase: a fidelidade da obra ao título. Há real preocupação com os aspectos atuais da língua e, sobretudo, sem radicalismos polêmicos, a fixação dos fatos da língua com o realce para o uso brasileiro.

Não obstante, há uns tantos pontos em que discordamos das soluções assentadas pelo autor, os quais a seguir desenvolvemos, não no sentido de fazer restrições à obra, mas principalmente como testemunho do grande respeito que ela nos merece.

1. Não entendemos o porquê da incoerência do autor em situar o advérbio como palavra inflexiva (p. 54), quando ele próprio, em *observação*, reconhece a existência da gradação para essa classe, e nas páginas 373 e seguintes vai estudando minuciosamente a flexão do advérbio.

2. Não resultou clara a distinção entre frase e oração. Na p. 91, escreve: "a frase pode conter uma ou mais orações". Na página seguinte: "Período é a frase organizada em orações". Mas em momento algum se explica a distinção frase/oração.

3. A conceituação de objeto direto e indireto, exclusivamente a parte de um elemento formal – presença ou ausência de preposição – gera uma dificuldade – o fato dos objetos diretos preposicionados (p. 96). Mais simples seria distinguir os diferentes resultados da ação verbal que objeto direto e indireto traduzem.

4. A anteriormente mencionada imprecisão no distinguir entre frase e oração vai levar o autor a uma série de inexatidões no estudo do vocativo (p. 111). Melhor entenderíamos o problema, considerando o vocativo uma frase não oracional, relacionada às vezes com outra frase, esta sim oracional. A referência a um predicado em frases exclamativas do tipo Silêncio! É de todo inaceitável. Trata-se de frase não oracional, portanto, não passível de análise sintática. *Faça silêncio* é outra estrutura; corresponde à primeira quanto ao sentido, mas só a segunda é passível de análise sintática; só a segunda tem predicado.

5. Do mesmo modo, na p. 119, ficará melhor falar em *frase exclamativa* e não *oração exclamativa*. A maior parte da exemplificação se faz com frases sem estrutura oracional.

> 6. Não nos parece boa a conceituação de substantivo abstrato como o que designa ações, estados e qualidades considerados como seres. Na realidade, o que o substantivo abstrato designa é a própria ação, estado ou qualidade, sem inculcá-lo ao ser ou ao seu elemento *dinâmico* (no caso da ação). *Beleza*, por exemplo, não é um nome de qualidade considerada como ser, e sim o nome de uma qualidade considerada fora do ser – por isso, abstração.
>
> 7. Na p. 199, julgamos insatisfatória a forma de conceituar *pronome*. Apresentados os pronomes como palavras que servem: a) para representar um substantivo; b) para acompanhar um substantivo, determinando-lhe a extensão do significado, omite o autor aquilo que é a característica básica do pronome – a referência ao ente na situação de pessoa do discurso.
>
> Fonte: Sɪʀɪʜᴀʟ, Sami. *Boletim de Língua e literatura*. Belo Horizonte, 1972, p. 28 e 34; Mimeo.

Observe-se que a recensão identifica-se como um comentário crítico no qual, ao lado dos aspectos apontados como falhos, apresentam-se sugestões para corrigi-los ou completá-los.

Fica evidente que aquele que se dedica ao exercício da recensão deve ser conhecedor profundo da matéria sob crítica, bem como mestre na realização das propostas que visam ao aperfeiçoamento das questões exploradas pelo texto em análise.

Texto e contexto

Ainda na esfera da extensão do texto, cumpre explorar a relação **texto/contexto**.

É pacífico o princípio já sobejamente consabido que considera a impossibilidade de uma noção plena de texto se não se aceita enquadrá-lo numa perspectiva contextual. Não se pode descrever uma mensagem sem levar em conta o contexto em que se insere e os efeitos que se pretende obter. Se, por exemplo, nos passam um comunicado sem sabermos de quem procede – "amanhã, ficaremos para ir ao cinema" –, saberíamos o significado da frase, mas não entenderíamos o sentido da mensagem. Deve-se esse fato à falta de contextualização do enunciado.

Todo texto está, pois, ligado ao contexto, seu sentido organizando-se não só no jogo interno de dependências estruturais, mas ainda nas relações com aquilo que está fora dele.

O conhecimento do contexto real da situação social em que tem lugar a comunicação é fator importante na determinação dos efeitos do discurso – do que decorre a importância da análise do contexto comunicativo de possíveis tipos de discurso. Os tipos de discurso, dentro de um contexto particular, variam segundo as circunstâncias particulares (por exemplo, as metas dos participantes) ou de um contexto a outro – variações, por exemplo, de temas, de esquemas, de estilo.

Os **tipos de contexto** podem ser classificados como **públicos ou privados, formais ou informais, institucionais ou não institucionais, fechados ou abertos** etc.

Os diferentes **contextos sociais** caracterizados assim de forma global são, por sua vez, definidos pelas seguintes categorias:

- **posições** (por exemplo, papéis, *status* dos falantes);
- **propriedades** (por exemplo, sexo, idade);
- **relações** (por exemplo, dominação, autoridade);
- **funções** (por exemplo, família, colega).

Coseriu (1963: 19) explica como o contexto de fala inclui toda a realidade que rodeia um signo, um ato verbal ou um discurso, como presença física, como saber dos interlocutores e como atividade. A seguinte passagem deixa evidente, no campo do discurso, a importância do contexto:

> Não podemos esperar compreender a linguagem se não compreendemos o discurso. Não podemos compreender o discurso se não temos em conta o objeto da comunicação e se não intentamos saber como o contexto de um enunciado afeta o que se diz.

O suposto básico é que qualquer texto pode ser considerado um constituinte de um contexto de situação. **Texto** e **contexto** são complementares: um pressupõe o outro. Os textos produzidos em determinadas situações criam os contextos e os remodelam.

Assim, a concepção do discurso como um todo, como texto contextualizado, efetiva uma sinonímia entre **enunciação** e **contexto**, de um lado, e entre **enunciado** e **texto**, de outro. Essa sinonímia remete-nos à consideração desses outros dois conceitos – **contexto** e **texto** –, cujo uso é privilegiado por quem adota uma perspectiva pragmática ante o problema da enunciação. Assim, há autores (Halliday e van Dijk) que preferem ligar diretamente o termo contexto à situação empírica de comunicação e assimilar as noções de texto e enunciado.

Valendo-se do parentesco linguístico entre contexto e texto, Halliday sustenta que:

> Há texto e há outro texto que o acompanha: o texto que está "com", isto é, o contexto. Esta noção do que está "com o texto", no entanto, vai além do que está dito e escrito: inclui outros fatos não verbais – a conjuntura total na qual o texto se desenvolve. Desse modo serve para fazer uma ponte entre o texto e a situação na qual o texto realmente ocorre (1989: 5).

> Constata-se, pois, que as relações entre **texto** e **contexto** estendem-se em ambas as direções: por um lado, certos traços textuais podem expressar ou constituir aspectos do contexto; por outro lado, a estrutura do contexto determina, até um certo grau, de que traços devem dispor os textos para serem aceitos – como enunciados – no contexto.
>
> Deduz-se, pois, que o estudo da linguagem em seu uso, ou seja, num enfoque pragmático, não pode deixar de considerar o **contexto** no qual figura uma mostra discursiva. O **discurso** não é passivo em relação ao **contexto**, não é um simples efeito dele, mas é constitutivo de sua contextualização.

Formas dêiticas

Um dos elementos linguísticos que requerem informação contextual para sua interpretação são as **formas dêiticas** – *eu, tu, você, aqui, agora, este, esse, aquele.*

Essas formas configuram-se, com mais frequência, nas expressões latinas – *ego* – *hic* – *nunc* (eu – aqui – agora), numa reminiscência do peso universal da língua latina.

Os **dêiticos** figuram como elementos fundamentais no processo da contextualização. Sobre esse tema, passamos a tecer considerações mais pormenorizadas.

A designação talvez a mais difundida dos dêiticos é *deiktikós* – formada a partir de *dêixis* –, termo grego que referencia a ação de mostrar, indicar, apontar. À luz do sentido etimológico, a palavra *dêixis* é usada para designar a apresentação de um objeto ou de um signo que se reduz ao ato de mostrar esse objeto ao qual o signo se refere. Assim, por exemplo, *Isso* é uma mesa. Mesa é *isso*.

A dêixis fixa a ancoragem da linguagem no mundo real ou o posicionamento de um enunciado numa realidade que o circunda. Dada a relativa imprecisão das informações dêiticas, pelo fato de estar diretamente ancoradas na situação de enunciação, se esta falta, os dêiticos ficam à deriva. Assim, por exemplo, seria incompreensível afixar num espaço ilimitado uma mensagem que dissesse: "Venha aqui amanhã".

Para determinar o centro dêitico, o ponto de referência a partir do qual se observa a sua dimensão, é necessário informação sobre o contexto dêitico. Assim, por exemplo, o significado de "hoje" não pode ser entendido de maneira precisa sem conhecimento sobre o tempo da fala, a menos, naturalmente, que a expressão venha seguida de alguma data. A frase "Eu estou aqui agora" só adquire um significado referencial completo se conhece a identidade do falante e sua situação espácio-temporal no momento de emitir a mensagem. Em outras palavras, para atribuir um referente a um elemento dêitico é necessário o conhecimento de alguns elementos da situação de enunciação em que foi emitido.

As formas dêiticas – *eu* – *aqui* – *agora* – requerem, pois de maneira óbvia para sua interpretação, informação contextual. Para interpretar essas formas numa mostra de discurso, é necessário saber quem são o **falante** e o **ouvinte** (**dêixis pessoal**), bem como o **espaço** (**dêixis espacial**) e o **tempo** (**dêixis temporal**) de produção do discurso – dependendo, então, o sentido do discurso das circunstâncias da enunciação.

A existência dos dêiticos num enunciado implica, portanto, necessariamente, a inclusão das circunstâncias discursivas na expressão desse sentido. As coordenadas de enunciação, definindo o seu *ego* – *hic* – *nunc* –, constituem por si um instrumento de sentido, estabelecendo pontes entre o verbalizado e o universo de conhecimentos do alocutário ou ouvinte. A enunciação – instância alojada entre a língua e o discurso – cria, por conseguinte, o contexto do discurso.

Retomemos as noções de **dêixis de pessoa**, **dêixis espacial** e **dêixis temporal**, a fim de examinar mais detidamente sua função na constituição textual-discursiva.

A **dêixis de pessoa** representa-se em categorias associadas à classe tradicional dos pronomes. A ideia do funcionamento dos pronomes ligados à conhecida gramática de *Port-Royal* – *grammaire générale et raisonnée,* de Arnauld e Lancelot.

Segundo os autores dessa Gramática, os pronomes não teriam outra função a não ser a função de evitar uma representação dos nomes que eles podem substituir. Consequentemente, os pronomes pessoais figuram como simples substitutos dos nomes **daquele que fala** (1ª pessoa), **daquele para quem se fala** (2ª pessoa) e **das pessoas ou das coisas das quais se fala** (3ª pessoa), estando aqui englobados os demonstrativos que indicam, como se fosse com o dedo, a coisa de que se fala. A única razão de ser dos dêiticos assim definidos seria, então, de natureza estilística.

Hoje, a **Linguística da Enunciação** confere aos pronomes outro estatuto – o de indicadores da pessoa do discurso. Essa função é a que melhor se sintoniza com a função específica dos dêiticos enquanto inseridos no nível da dêixis de pessoa.

Entende-se, portanto, por **dêixis de pessoa** a que faz referência à identidade dos interlocutores numa situação comunicativa. Os pronomes pessoais e os possessivos ilustram bem essa definição.

A **dêixis espacial** estabelece-se a partir do falante: "aqui" refere-se ao lugar em que se encontra o falante; "aí" faz referência ao lugar próximo do ouvinte; "lá" diz respeito a lugar distante do falante e do ouvinte.

A **dêixis temporal** manifesta-se não só em unidades léxicas (hoje – amanhã – ontem), mas ainda nos morfemas de tempo verbal. Relaciona-se com o momento da enunciação, apesar de não especificar a possibilidade de se referir a um momento posterior ao da enunciação, ou seja, o futuro.

No nível gramatical, além dos pronomes pessoais já citados, são recursos identificados como dêiticos:

- Os **pronomes demonstrativos** – dêiticos por excelência. A organização interna do sistema dos demonstrativos está ordenado em função das pessoas gramaticais – este – esse – aquele – *hic – iste – ille.*

- Os **advérbios de lugar**. Também se organizam pelo mesmo padrão esquemático dos demonstrativos – *este (aqui), esse (aí), aquele (lá).*

- Os **advérbios de tempo**. Funcionam como locais e temporais. Assim, por exemplo, Minha casa fica antes da sua (antes – local); Ele chegou antes dos demais (antes – temporal).

- Os **pronomes indefinidos**, como o *tal*, o *outro*, o *mesmo*.

- O **advérbio de modo**: *assim.*

- As **locuções** que funcionam como dêiticos pelo seu papel de apontar localizações espaciais ou temporais. Por exemplo: *nesse momento, no próximo ano, certa vez, neste recanto.*

- As **desinências verbais de tempo e pessoa**. Assim, quando falamos ou escrevemos:
  1 Estudo com afinco;
  2 Esperamos por você ontem à noite,

recuperamos "eu" em (1) e "nós" em (2) pelas desinências verbais "-o" e "-mos", respectivamente. Também recuperamos a indicação de que (1) se refere ao momento da enunciação (embora de forma não pontual), uma vez que a desinência acumula as indicações de pessoa e de tempo. Em (2), a referência temporal é recuperada com a força do contexto intratextual (ontem à noite), estando confundidas as desinências de indicativo presente e pretérito perfeito.

Segundo a terminologia de Brecht (1974: 489-518), tem-se a **dêixis exofórica** e a **dêixis endofórica**.

A **dêixis exofórica** corresponde à dêixis concebida tradicionalmente, cujo ponto de ancoragem se interpreta em função dos falantes, do lugar e do tempo da situação de enunciação.

A **dêixis endofórica** identifica fenômenos dêiticos cujo ponto de apoio é o discurso mesmo ou parte dele – o que nos autoriza a falar em dêixis **textual/discursiva**, ou seja, o processo que articula partes do texto com seu **contexto intratextual**.

Dado o fato da conformação linear do texto/discurso, torna-se possível, no processo de sequenciação, falar, por exemplo, "no próximo capítulo", "no capítulo anterior". Referindo-nos ainda ao que foi dito, fazem-se deiticamente viáveis expressões tais como "até o momento", ou "acima", ou "anteriormente", "antes" ou "depois".

Na verdade, a **dêixis textual** caracteriza-se não apenas pelo fato de fazer referência a outras passagens do texto, mas também pela função de orientar, de monitorar o ouvinte/leitor no processamento do texto/discurso.

Nas frases Vou ficando por **aqui** e Por **aí** dá para você ver como estou atrasado, *aqui* e *aí* não se referem a lugares definidos em relação ao falante, mas a passagens, a momentos do texto/discurso. *Aqui* referencia término de uma carta, talvez. **Aí** remete ao que foi relatado anteriormente.

Função semelhante exercem os pronomes **essa** e **isso** nos exemplos seguintes:

E o que tenho com **essa** história? Ou: E o que tenho com **isso?**

Essa e *isso*, nos exemplos apresentados, fazem referência a fatos ou dados configurados anteriormente na linha do texto/discurso.

Lembre-se, ainda, a **dêixis discursiva** sob forma reflexiva. Assim, por exemplo, quando se anuncia o relato de uma história dizendo Agradar-me-ia contar uma história sobre..., tem-se um tipo "projetivo" de dêixis discursiva.

Os **dêiticos textuais** têm sido tratados na **Linguística Textual** como anafóricos, distinguindo-se os usos textuais e os dêiticos das formas linguísticas. Há, contudo, nesse sentido, ocorrências em que se instala um certo conflito em relação à definição de uma e outra forma. Observe-se o exemplo seguinte:

Eu estava no jardim colhendo flores, quando meu amigo se aproximou e disse: - *Eu* preciso ir, mas amanhã voltarei.

O primeiro **eu** refere-se ao narrador, ou seja, ao locutor relacionando enunciado à enunciação. Já a segunda ocorrência do pronome *eu* em Eu preciso ir... indica o locutor da fala que, no caso, é o amigo – pronome introduzido como uma 3ª pessoa na fala do narrador; é, pois, criada pelo texto –, o que nos leva a considerar textual o segundo *eu* não propriamente dêitico na sua acepção tradicional, ou seja, de elemento de ligação entre enunciação e enunciado.

Do que foi explorado sobre **dêiticos**, é válido concluir que são elementos que se referem à **situação**, ao **mundo extralinguístico**, ao **contexto**. Entretanto, os mesmos elementos que relacionam expressões linguísticas com a exterioridade podem relacionar elementos do próprio universo textual. A distinção se estabelece no processamento do texto à medida que se recupera ou identifica o referente.

Os **dêiticos** têm um potencial semântico aberto, isto é, são palavras que se preenchem mais completamente na medida em que entram em conexão com o contexto referencial da enunciação – o que lhes confere sentido completo.

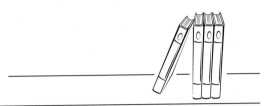

Discurso: definição e extensão

Definição do termo discurso

O termo **discurso**, associado a outros como **enunciação**, **pragmática** e **texto**, é concebido sob várias perspectivas. Segundo o interesse desta obra, concebemos o **discurso** como um lugar de intermediação entre a língua e a fala. Nesse sentido, é possível passar para um nível de análise específico – o discurso –, que possui suas próprias regularidades, suas estratégias, suas regras. O nível discursivo reúne, assim, dois tipos de traços:

- uns pertencentes ao sistema linguístico, dentre os quais distinguem-se, de um lado, as formas "vazias" de que o sujeito dispõe para expressar o *eu – aqui – agora* de sua alocução; por outro lado, as formas "plenas" do conjunto de modalizadores – *crer, dever, poder, talvez, é necessário* etc. – que manifestam uma atitude perante aquilo que se diz e têm uma função reflexiva sobre o enunciado.

- outros provenientes dos distintos tipos discursivos que a fala vai configurando e compreendem o conjunto de princípios, tipos, estruturas em constante transformação e interdefinição, que as diversas práticas discursivas vão gerando. Assim, há princípios, tipos e estruturas que caracterizam e definem, em um momento determinado, aquilo que uma cultura reconhece, por exemplo, como "discurso literário" ou como "discurso histórico".

É ainda consenso geral entender o discurso como uma unidade que permite a integração de duas orientações filosófico-linguísticas que, através do tempo, tem dividido o estudo da linguagem: a linguagem como conhecimento e a linguagem como comunicação, isto é, a ênfase no estudo do sistema abstrato ou a ênfase no sistema em uso.

Concebe-se ainda o **discurso** sob duas modalidades: como **evento** e como **significação**.

Discurso como evento é expressão entendida como o momento em que a língua é atualizada por um sujeito, perspectivada, portanto, enquanto *ato de fala*.

Discurso como significação, isto é, considerado algo durável e passível de compreensão. Apesar de acontecimento no tempo, fugaz e evanescente, o discurso supera esta dimensão, pois se torna duradouro por sua dimensão significativa.

Por **discurso** é possível entender ainda o que a Linguística Textual chama de *superfície discursiva,* que corresponde ao conjunto de enunciados realizados, *produzidos* a partir de certa *posição do sujeito* numa *estrutura social.*

Um sujeito, ao enunciar, presume uma espécie de *ritual social da linguagem,* implícito, partilhado pelos interlocutores. Falando com alunos, por exemplo, o professor coloca-se numa posição diferenciada da posição dos alunos, contribuindo, assim, para reproduzir sentidos ligados à instituição escolar.

Na instituição escolar, qualquer enunciado produzido por um professor é colocado em um **contrato** que lhe credita o lugar de detentor do saber. O contrato de fala que o liga ao aluno não lhe permite ser não possuidor do saber, ele é antecipadamente legitimado (Charaudeau, 1983: 55).

Desse fato pode-se deduzir que, no processo discursivo, o sentido não existe em si, mas é determinado por posições ideológicas colocadas no processo sócio-histórico em que as palavras são produzidas. O caráter histórico do discurso torna-se revelador das concepções de um grupo social numa determinada época.

Nesse complexo é que se realiza o **discurso**, definido, pois, como uma entidade histórica (ideológica) que se elabora socialmente, através de sua materialidade específica, que é a língua manifestada no texto. É próprio do discurso privilegiar a natureza funcional e interativa e não o aspecto formal e estrutural da língua – o que é, como vimos, característica do texto.

Frise-se a concepção de **discurso** como uma forma de **interação**, ou seja, como um evento comunicativo, que é, por sua vez, encaixado em estruturas sociais, políticas ou culturais mais abrangentes. Daí considerar-se o **discurso** como efeito de sentido construído no processo de interlocução, enquanto parte do funcionamento social.

Aquele que discursa, falando ou escrevendo, manifesta-se através do enunciado; inscreve-se no enunciado, aí deixando sua marca na revelação:

- dos protagonistas do discurso (emissor/destinatário);

- da situação de comunicação (as circunstâncias espaço-temporais, as condições de produção/recepção do discurso);

- dos propósitos explícitos do discurso (informar – explicar – convencer – propiciar entretenimento etc.);

- da sua condição de *acontecimento discursivo* que supõe um significado independente – em grande medida – da consciência e intenções do emissor e do leitor.

Vê-se, pois, o **discurso** – ponto de articulação dos fenômenos linguísticos e dos processos ideológicos – como um conjunto regular de fatos linguísticos em determinado nível, e questionáveis em outro. Não é, portanto, descabido defini-lo como uma prática. Para se encontrar sua regularidade não se analisam seus produtos, mas os processos de sua produção – fato do qual decorre a necessidade de ser objeto de sua análise a língua em uso.

Observe-se que a nossos discursos em geral somam-se outras vozes, quando nos exprimimos, por exemplo, por meio de uma expressão cristalizada na sociedade: "Casa de ferreiro, espeto de pau" – "É de pequenino que se torce o pepino" – o provérbio refletindo a "sabedoria popular" pela qual nos deixamos contagiar.

As aspas que usamos frequentemente têm a função de esclarecer que estamos nos permitindo repetir o que disse o outro. O discurso jornalístico, no afã de deixar clara a fonte de informação, utiliza-se do discurso indireto. Assim, não é raro nos depararmos em jornais com enunciados como "O presidente da comissão afirmou que...".

As produções de caráter intertextual conforme abordado no tópico "Relações Transtextuais" derivam do processo de imitação, de reutilização do texto de outrem, seja em forma de paráfrase, seja nas feições de paródia ou de estilização.

Verifica-se, assim, uma atuação inegável de nossa memória textual sobre os discursos que pronunciamos – estes mergulhados nas águas da história. É o mesmo que dizer: uma espécie de **memória coletiva** é fator interveniente nas manifestações ideológicas e linguísticas do enunciador.

No domínio da teoria e da análise linguísticas, o que a consideração da interação traz particularmente de novo é, sem dúvida, o princípio fundamental que concebe a atividade discursiva como uma atividade partilhada e cogerida pelo locutor e alocutário, revelando-se, por isso, o discurso como coconstrução.

O locutor não constrói o seu discurso divorciado da imagem que convoca do seu alocutário. Todo discurso é endereçado a um interlocutor. O locutor não somente modela seu discurso, mas também dá corpo à imagem do outro a quem o discurso se destina e, além disso, configura-se a si mesmo ao plasmar sua própria imagem no interior do discurso que produz.

O receptor não é, pois, o alvo exterior a um discurso. A direção de sua interpretação está incorporada ao próprio processo de produção do discurso. Assim, por exemplo, o discurso didático – o do professor – caracteriza-se pela inscrição do destinatário no enunciado – o aluno, receptor potencial, tipo virtual. Dado que o locutor constrói o seu discurso não divorciado do seu alocutário, pode-se concluir sobre a possibilidade de um discurso ser dirigido a uma diversidade de destinatários – fato do qual deflui "um efeito de poliaudição ou polidestinação, ou seja, a capacidade que tem um discurso, quando estrategicamente construído, de encontrar destinatários múltiplos" (Fonseca, J., 1992: 327).

A esses destinatários ou coenunciadores atribuem-se papéis distintos. Assim, por exemplo, no discurso publicitário ele será interpelado como consumidor; no discurso político, como eleitor; no discurso didático, como aluno.

Buscando a articulação entre as propriedades da língua e da fala, ao mesmo tempo em que se altera, conforme os campos do conhecimento aos quais se associa, o discurso se diversifica como produção verbal:

- de uma *área da ciência:* o discurso da pedagogia, o da arquitetura, o da matemática;

- do *âmbito da produção:* o discurso empresarial, o financeiro, o agrícola.

- de uma *associação:* o discurso dos sindicatos, o dos Pais e Mestres, o dos sócios da Apae;

- de uma *estética literária:* o discurso do classicismo, o do surrealismo, o do pós-modernismo;

- dos *meios de comunicação:* o discurso da imprensa, o do rádio, o da televisão;

- dos *sistemas de governo:* o discurso da monarquia, o da democracia, o do parlamentarismo;

- das *posições políticas*: o discurso do fascismo, o do comunismo, o do neoliberalismo;

- das *seitas religiosas:* o discurso do protestantismo, o do budismo, o do catolicismo;

- dos *membros de uma classe social:* o discurso das elites, o dos operários, o dos professores;

- de um *período histórico:* da Idade Antiga, da Idade Média, do modernismo.

Em toda essa diversidade, faz-se necessário aceder ao esquema construtor do discurso, à captação do todo unificado que constitui o discurso, o princípio dinâmico que rege o conjunto. Afinal, é preciso apreender o nível profundo de estruturação do texto, que está na mensagem transmitida pelo discurso.

Da apreensão dessa mensagem é possível ver na estrutura interna do texto o discurso do locutor; no processo de interpretação, o discurso do alocutário. Essa duplicidade identifica-se como atividade comunicativa, produtora de sentidos, ou melhor, de efeitos de sentidos, entre interlocutores nas suas relações interacionais. O discurso é, na verdade, um processo interacional entre sujeitos situados social e historicamente. Essa parece ser a definição mais exata de discurso.

Na sala de aula, por exemplo, o professor interage com os alunos – essa interação propiciando o alcance dos efeitos de uma tríplice natureza do discurso: *o discurso como ação, o discurso como efeitos de sentidos, o discurso como acontecimento.* No acontecimento particularmente variável, que é a aula, o professor – sujeito do discurso – realiza, num ato perlocutivo da fala (ver, no capítulo anterior, seção "Dimensão pragmática"), operações de natureza linguística, cujos efeitos de sentidos passam a fazer parte dos saberes dos alunos.

Ao lado do papel do locutor enquanto agenciador do discurso, destaca-se a importância do alocutário no próprio agenciamento do discurso. Esses dois agentes situam o discurso num espaço dialógico onde se instaura e reescreve o discurso social, por meio de opiniões subjetivas de seus porta-vozes. Assiste-se, então, ao chamado *macrodiscurso social* em que discursos diversos operam e interagem.

Na dinâmica discursiva na sala de aula, a dialogia, o princípio dialógico, que funda e marca as propostas de Bakhtin, manifesta-se significativamente. Pode-se observar aí um movimento dialógico "encoberto – o encontro de vozes que se dá na apropriação de outrem" (Orlandi, 1983). O professor apropria-se do discurso do cientista, repetindo, portanto, discursos preexistentes. O aluno acolhe o discurso do professor, assimilando-o, interpretando-o, dando-lhe resposta. O ângulo dialógico não pode ser estabelecido por meio de critérios genuinamente linguísticos, uma vez que as relações dialógicas pertencem ao campo do discurso.

Nessas relações dialógicas é que se apreende não um sujeito único produtor do discurso – mas várias vozes. As palavras vêm sempre carregadas, contidas em outros discursos, ou seja, presentifica-se o interdiscurso que atravessa o intradiscurso. Sobre esse fenômeno falar-se-á mais detidamente adiante na seção "Interdiscursividade".

Língua e linguagem no discurso

Retomemos a ideia da materialidade específica do discurso – a língua/linguagem manifestada no texto.

Pensa-se, primeiro, no próprio objeto de ensino: a **língua** ou mais amplamente a **linguagem**, imprescindível ao desenvolvimento do homem – condição *sine qua non* na apreensão de conceitos que permitam aos sujeitos compreender o mundo e nele agir.

Dessa forma, a linguagem não pode ser considerada um sistema de formas e regras linguísticas de que o sujeito se apropria de acordo com as suas necessidades de comunicação, nem como uma tradução de pensamentos ou de conhecimento de mundo, nem muito menos como um conjunto de figuras retóricas, mas, sim, como um fenômeno social de interação verbal, realizada por meio da enunciação ou das enunciações.

Nessa perspectiva discursiva, a linguagem é entendida como um processo de interlocução, que pressupõe a constituição *de* e *por* sujeitos numa determinada situação histórica e social.

Essa concepção admite que a linguagem é uma atividade, uma forma de ação interindividual orientada para determinados fins; e é um lugar de interação, onde sujeitos, membros de uma sociedade, atuam uns sobre os outros, estabelecendo relações contratuais, causando efeitos, desencadeando reações.

Os estudos linguísticos na atualidade emprestam, assim, relevo ao caráter instrumental da língua como veículo no processo de comunicação. Abraçando os preceitos da **Teoria da Comunicação**, os linguistas alertam para a necessidade de que a mensagem linguística considere as características socioculturais do alocutário, bem como o contexto em que se opera a comunicação.

Se os fatos de linguagem têm caráter social, o processo/ produto pelo qual se dá a interação é o **texto**. O **discurso** manifesta-se linguisticamente por meio de textos, materializa-se sob a forma de texto por meio do qual se pode entender o funcionamento do discurso. A linguagem enquanto discurso é interação – um modo de produção social; não é neutra, na medida em que está engajada numa intencionalidade.

A afirmativa de Benveniste "É no discurso atualizado em frases que a língua se forma e se configura. Aí começa a linguagem" (1976: 53) faz do discurso o horizonte da língua. Analisa-se, pois, a língua não como um conjunto de aspectos eminentemente gramaticais, mas como um processo textual/discursivo integral em que o discursivo opera como mediação entre gramática e texto.

Concebe-se aí *o ensino contextualizado de gramática,* compreendendo-se **contexto** como um texto em que se verificam determinados usos da língua. A proposta de estudo de gramática no texto implica a leitura do texto pela perspectiva da língua, isto é, dos recursos linguísticos utilizados pelo autor para criar sentido, naquele texto e naquela situação de produção.

Nessa perspectiva, observam-se aspectos gramaticais importantes relacionados com o sentido geral do texto e com a situação de produção. Faz-se importante a verificação de formas de abordagem semântica na análise de estruturas sintáticas da língua, numa harmonização, como vimos, de sintaxe, semântica e pragmática.

Nessa maneira específica de dizer, surpreende-se no discurso *a subjetividade da linguagem.*

Subjetividade na linguagem

A linguagem é subjetiva, uma vez que é expressa por sujeitos dominados por intenções e propósitos definidos, que se exprimem com o intuito de convencer o outro e chegar a determinadas conclusões. No discurso político, por exemplo, evidencia-se a maneira como o candidato se utiliza da linguagem na projeção de sujeito explícito dos enunciados e, ao mesmo tempo, sujeito coletivo da enunciação – uma duplicidade extremamente significativa na maneira como o candidato se apresenta.

A linguagem e sua utilização no contexto eleitoral é recurso valioso de argumentação. As qualidades positivas do candidato mostram-se por suas ações referenciadas por meio do discurso. Alcança-se, assim, o convencimento do eleitor pela força da interação candidato/eleitor por meio do discurso – efeito que se dá, no caso, pela linguagem:

Em cada pleito, a sofisticação e a eficácia das peças de campanha – tais como panfletos, outdoors etc. – devem-se ao peso da linguagem configurada nos recursos linguísticos e discursivos, cujo poder é decisivo no processo de disputa eleitoral.

O discurso carregará sempre algumas significações específicas na estrutura social, visto que o sujeito está imerso nessa estrutura, produzindo e reproduzindo não só as relações sociais, mas ainda as relações de poder e a dinâmica de um grupo sobre o outro. Segundo Brandão (1995: 31), "quem fala, fala de algum lugar a partir de um direito reconhecido institucionalmente. Esse discurso, que passa por verdadeiro, que veicula saber, é gerador de poder".

Os dois interatuantes do discurso político – orador e auditório – compartilham o contexto de maneira muito especial e bem-definida, pois o orador aspira ao poder da governança; o auditório é o juiz que, com o voto, ratifica o cumprimento das aspirações do orador.

A relação entre língua/linguagem e discurso complementa a noção, já apontada por Pêcheux, de que *não há discurso sem sujeito e não há sujeito sem ideologia*, ou seja, o sujeito manifesta, através do discurso, suas ideologias constituídas no tempo histórico e no espaço social onde se insere.

Dessa mesma relação língua/linguagem e discurso concebe-se *o discurso como processo e não como produto fechado e isolado, dissociado de um contexto sócio-histórico e cultural.*

A palavra é sempre dialógica; em um diálogo pode adotar, e de fato adota, significados diferentes. O significado é inseparável de um contexto da enunciação que se compõe da situação social imediata e de um meio social mais amplo – o horizonte social – as crenças, os valores – do grupo e da época.

A linguagem, pois, só faz sentido porque se inscreve na história. Portanto, a produção da linguagem, no discurso, é um ato guiado por sujeitos que se constituem em variados papéis sociais a partir de também variadas situações comunicativas. A tirinha a seguir é uma boa demonstração do que acabamos de dizer:

OS PESCOÇUDOS - Galhardo

Fonte: *Folha de S.Paulo*, 11 ago. 1997.

Examinemos mais agudamente o papel do sujeito no domínio da linguagem, na constituição do discurso.

Apreendido na sua constituição histórica, atravessado por discursos e interpelado pela ideologia, o sujeito se constrói e é construído na interlocução que se produz no próprio espaço da interação – o texto.

Não se pode, por conseguinte, apreender no discurso um sujeito em si, mas um sujeito constituído socialmente, pois não são apenas as intenções que contam, uma vez que as convenções sociais constituem-se como expressão fundamental do dizer.

Várias são as posições marcadas pelo sujeito na construção do discurso. Não se há de perder de vista nem o contexto em que se emite o discurso, nem o conhecimento de quem o emite e para quem é emitido.

A variação de posições do sujeito marca a **dispersão discursiva** que é, também, a dispersão do enunciador. Essa dispersão ocorre não apenas quando o sujeito se identifica como o enunciador de vários discursos, mas também dentro de uma mesma **formação discursiva**. Por exemplo, no discurso didático, o professor pode ser o sujeito que explica, o sujeito que questiona, o sujeito que recapitula, o sujeito que sintetiza, o sujeito que exemplifica, o sujeito, enfim, que ensina. As posições por ele adotadas marcam-se por um feixe de relações: relação professor/escola, relação professor/família, relação professor/aluno, relação professor/sociedade, relação professor/formação

Vê-se que a concepção de linguagem a partir do enfoque dialógico, segundo Bakhtin, configura-se como uma recusa a qualquer forma fechada de tratar de questões da língua, pois sendo o dialogismo constitutivo a *interação* com o outro é um pressuposto. Por isso, considerar a linguagem como discurso, segundo Bakhtin, é, sobretudo, reconhecer a sua *dialogicidade interna,* já que não é a forma composicional externa que determina o teor dialógico (1998: 92).

A grande novidade veiculada por Bakhtin é a valorização da fala, que, para ele, não é individual, mas social por estar sempre dependente das condições de comunicação, presa às estruturas sociais. Para ele, a unidade de análise é o enunciado, a fala atualizada por um indivíduo, em um determinado momento histórico, para um auditório específico.

Resumindo sua concepção, a noção de sujeito remete à de formação discursiva, ponto de articulação dos processos ideológicos e dos fenômenos linguísticos. A materialização de uma ideologia pela linguagem aponta para a pluralidade dos discursos, isto é, não há discurso ideológico único, mas todos, em maior ou menor grau, apresentam uma ideologia. A rede de significação fixa-se na atualização do léxico no discurso. Vale lembrar, nesse sentido, um traço bastante típico do discurso publicitário: o emprego de termos técnico-científicos como instrumental de persuasão. Mario Prata explora bem essa ideia no texto:

Flavonoides!

Uns creem em Deus, outros no Diabo e há até quem espere do capitalismo a redenção de nossas pobres almas: eu acredito em substâncias. Analiso a tabela nutricional no rótulo de um chocolate com a seriedade de um exegeta, procuro verdades obscuras por trás da quantidade de calorias ou carboidratos de um suco de laranja como um rabino cabalista. Sei que, pela interpretação correta daqueles míseros gramas de fibras, sódio ou fósforo, pode-se vislumbrar a verdadeira face de Deus.

Ou do Diabo. Se, na boca do povo, o demônio atende por nomes como Tinhoso, Belzebu e Lúcifer, nas tabelas nutricionais esconde-se sob a alcunha de gorduras saturadas, fenilalanina, colesterol, sódio e, de uns tempos para cá, gorduras trans. (Não se deixe enganar por esse nome simpático, com ar de disco do Caetano em 79: as gorduras trans, dizem os especialistas, colam feito argamassa nas paredes das artérias.)

Comecei a temer as substâncias com a fenilalanina. Não tenho a menor ideia do que seja, mas faz alguns anos que a Coca-light traz o aviso, misterioso e soturno: contém fenilalanina. O McDonald's, ainda mais incisivo, colou um adesivo no balcão de suas lanchonetes: "Atenção, fenilcetonúricos: contém fenilalanina". Desde então, toda noite, ao pôr a cabeça no travesseiro, imagino diálogos como "Pois é, menina, o Antonio! Era fenilcetonúrico e não sabia. Fulminante. Tão novo, judiação...".

O cidadão atento deve ter notado que o glúten, de uns anos para cá, também ganhou uma certa notoriedade nos rótulos. "Contém glúten", dizem embalagens de uma infinidade de alimentos, sem mais explicações. Qual é a do glúten? Faz bem para a vista? Ataca o fígado? Derrete o cérebro? Podem os fenilcetonúricos comer glúten sem problemas?

Como bom crente, sei que as substâncias matam, mas também podem salvar. Pelo menos, é o que espero do chá verde e seus incríveis flavonoides, que venho consumindo com fervor e regularidade nas últimas semanas. Você sabe o que são flavonoides? Pois é, eu também não, mas o rótulo do tal Green Tea avisa, com grande júbilo (um pequeno gráfico), que uma garrafinha tem quatro vezes mais flavonoides do que o suco de laranja e treze vezes mais do que o brócolis. Diz ainda, à guisa de explicação, tratar-se de poderoso antioxidante. Fico muito tranquilo: posso cair fulminado pela fenilalanina ou sofrer as insuspeitas mazelas do glúten, mas de enferrujar, ao que parece, estou a salvo.

Fonte: PRATA, Antônio. Flavonoides. *O Estado de S. Paulo*, 6 out. 2006, Guia Caderno 2.

As considerações apresentadas sobre o papel do sujeito na rede discursiva ratificam a proposta da **Análise do Discurso** que preconiza uma concepção de sujeito oposta tanto à concepção idealista de sujeito universal quanto à concepção de sujeito intencional, visto como origem e senhor consciente de seu discurso.

Pêcheux chama *forma-sujeito* o sujeito afetado pela *ideologia* – aspecto que passaremos a explorar, conceituando-lhe e definindo-lhe a extensão no processo discursivo.

Ideologia

Segundo Paul Ricoeur (1991), foram os alemães, sobretudo Karl Marx e Friedrich Engels, na obra *Ideologia alemã,* de 1846, que pensaram a ideologia como o principal aspecto da História.

Esses autores apontaram a oposição entre a concepção materialista e a concepção idealista da sociedade, observando que a História é a história do modo real como os homens reais produzem suas condições reais de existência.

A **ideologia**, segundo o filósofo francês, comporta três níveis de compreensão:

1. ideologia é distorção da realidade;

2. ideologia é, também, uma legitimação dessa realidade;

3. ideologia é integração.

A realidade é distorcida a partir de um conjunto de representações por meio do qual os homens tentam explicar e compreender sua própria vida individual e social, e estabelecer as relações com o natural e o sobrenatural – distorcendo a realidade.

Por outro lado, não há nenhuma ordem social que opere exclusivamente pela força, mas procura o assentimento daqueles que são governados por essa ordem social. É desse assentimento que resulta a ideologia configurada como legitimação da realidade, como reflexo das estruturas sociais. Essas estruturas passam a impor aos sujeitos sentidos institucionalizados, tomados como naturais. Dá-se aí a inserção histórica, o assujeitamento ideológico do falante.

A propósito do termo *assujeitamento,* é oportuno lembrar que Maingueneau, ao referir-se à adesão do sujeito a uma formação ideológica/*discursiva,* prefere o emprego do termo *incorporação:* "Se o discurso pode 'assujeitar' é porque, com toda verossimilhança, sua enunciação está ligada de forma crucial a esta possibilidade; a noção de 'incorporação' parece ir ao encontro de uma melhor compreensão desse fenômeno".

Seja "assujeitamento" seja "incorporação", o certo é que o sujeito leva à concepção da ideologia como "integração", ou seja, como um fato cuja natureza congrega indivíduos em torno de determinadas crenças, de determinados propósitos ou ideais.

Tomemos como exemplo o regimento interno de uma Universidade representando um paradigma de comportamento para seus professores e alunos – a "corporalidade" –, que são parte do grupo de adeptos deste discurso – o "corpo". O grupo "incorpora" os valores e crenças do discurso. Daí poder-se falar também em ideologia configurada em diversos tipos – ideologia burguesa, ideologia liberal, ideologia fascista etc. No entanto, o ideológico de cada discurso é apenas uma pequena parte do que se chama **ideologia** ou **formação ideológica**.

A ideologia se instaura na sociedade principalmente pela língua, da qual o sujeito se apropria para comunicar-se, fazer-se entender – fato que justifica a definição de discurso como ponto de articulação dos processos ideológicos e dos fenômenos linguísticos. Na relação mundo/linguagem entra como condição essencial à **ideologia**.

Para o autor, tem-se a **ideologia** como um conjunto de representações que permitem ao sujeito reconhecer-se como tal e compreender o laço social que o une aos demais e à sociedade em geral. Trata-se de um sinal de significação que pode estar presente em qualquer tipo de mensagem, mesmo no discurso científico, como nos exemplifica o texto a seguir:

Ciência, bruxas e raças

Certamente, a humanidade do futuro não acreditará em raças mais do que acreditamos hoje em bruxaria

DO PONTO de vista biológico, raças humanas não existem. Essa constatação, já evidenciada pela genética clássica, hoje se tornou um fato científico irrefutável com os espetaculares avanços do Projeto Genoma Humano. É impossível separar a humanidade em categorias biologicamente significativas, independentemente do critério usado e da definição de "raça" adotada. Há apenas uma raça, a humana.

Sabemos, porém, que raças continuam a existir como construções sociais. Alguns chegam mesmo a apresentar essa constatação com tom de inevitabilidade absoluta, como se o conceito de raça fosse um dos pilares da nossa sociedade. Entretanto, não podemos permitir que tal construção social se torne determinante de toda a nossa visão de mundo nem de nosso projeto de país.

Em recente artigo na *Revista USP*, eu e a filósofa Telma Birchal defendemos a tese de que, embora a ciência não seja o campo de origem dos mandamentos morais, ela tem um papel importante na instrução da esfera social. Ao mostrar "o que não é", ela liberta pelo poder de afastar erros e preconceitos. Assim, a ciência, que já demonstrou a inexistência das raças em seu seio, pode catalisar a desconstrução das raças como entidades sociais. Há um importante precedente histórico para isso.

Durante os séculos 16 e 17, dezenas de milhares de pessoas foram oficialmente condenadas à morte na Europa pelo crime de bruxaria. As causas dessa histeria em massa são controversas. Obviamente, a simples crença da época na existência de bruxas não é suficiente para explicar o ocorrido.

É significativo que a repressão à bruxaria tenha vitimado primariamente as mulheres e possa ser interpretada como uma forma extrema de controle social em uma sociedade dominada por homens. Mas, indubitavelmente, a crença em bruxas foi essencial para alimentar o fenômeno. Assim, podemos afirmar que, na sociedade dos séculos 16 e 17, as bruxas constituíam uma realidade social tão concreta quanto às raças hoje em dia.

De acordo com o historiador Hugh Trevor-Roper, o declínio da perseguição às bruxas foi em grande parte causado pela revolução científica no século 17, que tornou impossível a crença continuada em bruxaria.

Analogamente, o fato cientificamente comprovado da inexistência das "raças" deve ser absorvido pela sociedade e incorporado às suas convicções e atitudes morais. Uma atitude coerente e desejável seria a valorização da singularidade de cada cidadão. Em sua individualidade, cada um pode construir suas identidades de maneira multidimensional, em vez de se deixar definir de forma única como membro de um grupo "racial" ou "de cor".

Segundo o nobelista Amartya Sen, todos nós somos simultaneamente membros de várias coletividades, cada uma delas nos conferindo uma identidade particular. Assim, um indivíduo natural de Ruanda pode assumir identidades múltiplas por ser, por exemplo, africano, negro, da etnia hutu, pai de família, médico, ambientalista, vegetariano, católico, tenista, entusiasta de ópera etc. A consciência de sua individualidade e dessa pluralidade lhe permite rejeitar o rótulo unidimensional de "hutu", que, como tal, deveria necessariamente odiar tútsis.

Pelo contrário, em sua pluralidade de identidades ele pode compartilhar interesses e encontrar elementos para simpatia e solidariedade com um outro indivíduo que também é ruandês, negro, africano, colega médico, tenista e cantor lírico, e que, entre tantas outras identidades, também é da etnia tútsi.

Em conclusão, devemos fazer todo esforço possível para construir uma sociedade desracializada, na qual a singularidade do indivíduo seja valorizada e celebrada e na qual exista a liberdade de assumir, por escolha própria, uma pluralidade de identidades. Esse sonho está em perfeita sintonia com o fato, demonstrado pela genética moderna, de que cada um de nós tem uma individualidade genômica absoluta que interage com o ambiente para moldar a nossa exclusiva trajetória de vida.

Alguns certamente vão tentar rejeitar essa visão, rotulando-a de elitista e reacionária. Mas, como ela é alicerçada em sólidos fatos científicos, temos confiança de que, inevitavelmente, ela será predominante na sociedade. Talvez isso não ocorra em curto prazo aqui no Brasil, principalmente se o Congresso cometer a imprudência de aprovar o Estatuto da Igualdade Racial, o qual forçará os cidadãos a assumirem uma identidade principal baseada em cor.

Um pensamento reconfortante é que, certamente, a humanidade do futuro não acreditará em raças mais do que acreditamos hoje em bruxaria. E o racismo será relatado no futuro como mais uma abominação histórica passageira, assim como percebemos hoje o disparate que foi a perseguição às bruxas.

Fonte: PENA, Sérgio Danilo. Ciência, bruxas e raças. *Folha de S.Paulo*, 2 ago. 2006.

Como vemos, a **ideologia** é, de qualquer forma, uma participação pró ou contra os fatos, os acontecimentos, implicando uma determinada maneira de relacionamento com os objetos, com os fatos, com as pessoas – maneira que se identifica como uma forma de tomar partido.

Nos seus vários tipos – ideologia comunista, ideologia fascista, ideologia tradicional, ideologia conservadora, ideologia socialista, ideologia cristã etc., a **ideologia** tem uma grande capacidade de mobilizar as pessoas e as massas, enquanto espelha uma visão de mundo, uma diversidade de valores, ou melhor ainda, um juízo de valor sobre essa ou aquela situação, conforme nos revela a leitura do texto que nos serve de exemplo:

Machismo

RIO DE JANEIRO – O machismo saiu de moda. As mulheres não usam espartilhos, os homens não usam ceroulas. Entretanto o machismo produziu, ao longo dos séculos, um arsenal de argumentos que continuam dando caldo. Relendo o filósofo Schopenhauer, espantei-me com os trechos que havia sublinhado. Transcreverei alguns. Não os endosso. São conceitos de outra época. Aí estão eles: "O simples aspecto da mulher revela que não é destinada nem aos grandes trabalhos intelectuais ou materiais. Conservam-se a vida toda uma espécie de intermediárias entre a criança e o homem. A natureza recusando-lhes a força, deu-lhes a astúcia para lhes proteger a fraqueza: de onde resultam a instintiva velhacaria e a invencível tendência à simulação do sexo feminino". "O leão tem os dentes e as garras. O elefante e o javali, as presas; o polvo, a titã; a cobra, o veneno. A natureza deu à mulher para se defender apenas a dissimulação. Esta faculdade supre a força que o homem tira do vigor de seus músculos e de sua inteligência". "Os homens entre si são naturalmente indiferentes. As mulheres são, por índole, inimigas. Isso provém da rivalidade que, no homem, só se destina aos da mesma profissão. Nas mulheres, todas elas são rivais umas das outras, pois todas têm a mesma profissão e buscam o mesmo fim".

> Elas são até mais aptas do que os homens para aprender o lado técnico das artes, e mais constantes e dedicadas no aprendizado. Taí, em linhas gerais, o pensamento de Schopenhauer. Discordo dele: nem o homem nem a mulher foram feitos para produzir obras definitivas no campo das artes ou do consumo mercadológico. Somos todos da mesma massa. De minha parte, folgo que haja mulheres, diferentes de mim na cabeça, no tronco e, principalmente, nos membros.
>
> Fonte: CONY, Carlos Heitor. Machismo. *Folha de S.Paulo*, 22 abr. 2007. Opinião.

A **ideologia** define-se, portanto, como expressão de uma tomada de posição determinada, configurando-se, por isso, como condição essencial na relação mundo/linguagem.

> Pensemos, ainda, para melhor exemplificar o sentido da **ideologia** na constituição do discurso, na submissão do ensino de Língua Portuguesa a um sistema educativo que determina sua finalidade de acordo com interesses ideológicos e propósitos políticos da elite que detém o poder – a ideologia legitimando, portanto, o domínio do poder governante.
>
> Assiste-se, assim, ao deslocamento de uma posição normativa para uma acepção mais dinâmica da linguagem. Para uma prática pedagógica transformadora não basta que o professor de Língua Portuguesa tenha domínio de todas as possibilidades de manifestação da linguagem, conheça as novas teorias linguísticas e saiba utilizar metodologias de ensino atualizadas. O professor deve, antes, ser capaz de reconhecer a ideologia subjacente nos documentos públicos relativos ao ensino de Língua Portuguesa, bem como naqueles que dizem respeito às concepções de linguagem.

Formação ideológica e formação discursiva

A noção de **ideologia** está obviamente ligada à concepção de **formação ideológica** e, decorrente dela, à concepção de **formação discursiva** – questões que passaremos a explorar. Segundo Maingueneau:

> Uma **formação ideológica** é um conjunto de atitudes, representações etc referidas a posições de classe, que é susceptível de intervir com força confrontada a outras na conjunção ideológica que caracteriza uma formação social em um momento dado [...]. Dada uma conjuntura determinada por um estado de luta de classes, e por uma "posição" (ideológica e política). (1976: 83-84) (grifo nosso)

Essa "posição" ou esse "posicionamento" considerado por Maingueneau constitui-se como uma das categorias de base da análise do discurso, que diz respeito à instauração e à conservação de uma identidade enunciativa forte – um lugar bem específico de produção discursiva. Por exemplo, o discurso do partido socialista de um determinado período.

Emprega-se também o termo "posicionamento" para designar uma identidade enunciativa fraca. Por exemplo, um programa de televisão, uma campanha publicitária.

Nas duas acepções, o termo referencia a posição ocupada pelo sujeito num campo de discussão, os valores que ele, consciente ou inconscientemente, defende, numa demonstração de marcas características de sua identidade social e ideológica.

Esses princípios enquadram-se bem no âmbito da **formação ideológica** ligada à **formação discursiva**. Ambas completam-se para a caracterização de uma conjuntura social num dado momento.

Assim, por exemplo, num discurso historiográfico, a **formação ideológica** e a formação **discursiva** podem ser analisadas dando ênfase:

- aos princípios gerais que regiam a formação historiográfica característica de época (o critério de verdade, por exemplo);

- à demarcação dos tipos discursivos próximos do discurso historiográfico (por exemplo, a diferença entre história, crônica, anais);

- à caracterização das macroestruturas comprometidas com o sentido geral do discurso.

Conclui-se que o exame das formações ideológicas corporificadas nas formações discursivas leva a compreender o campo do discurso como um conjunto de estratégias que organizam e distribuem as condições enunciativas delimitadas pelo contexto histórico e social.

A técnica apropriada para a captação da ideologia do discurso está concentrada nas propostas da chamada **Análise do Discurso** – técnica que passaremos a examinar, conceituando-a e apontando-lhe os traços de extensão.

Análise do Discurso

Análise do Discurso é uma expressão que tem recebido diferentes interpretações por conta de investigadores de diferentes disciplinas:

- para um **sociolinguista**, está relacionada fundamentalmente com a estrutura da interação verbal refletida na conversação;

- para um **psicolinguista**, com a natureza dos processos de compreensão de textos escritos;

- para um **linguista**, com o processo de interação e construção social de conhecimento e de linguagem;

- para um **linguista computacional**, com a produção de modelos operativos de compreensão de textos em contextos limitados.

Vê-se, pois, que a concepção de análise do discurso, situada no cruzamento das ciências humanas, é bastante variável. Trata-se de uma técnica que se acomoda em um domínio próximo da Linguística de Texto, e que é desenvolvida por diversos autores: **Maingueneau** (1976), **Bronckart** (1985) e **Roulet** (2006) exploram o processo de funcionamento do discurso em geral, os métodos de análise do discurso; **Anscombre** e **Ducrot** (1994) detêm-se no processo de argumentação; **Sperber** e **Wilson** (1986) tratam da questão da relevância no discurso; **Schmidt** (1973) dedica-se ao estudo da teoria do texto; **Pérez** (1994) volta-se para princípios da pragmática linguística. **Adam** (1999: 40) propõe a distinção entre "análise DE/DO discurso", ou seja, uma análise que seria uma teoria geral da discursividade (análise DE discurso) e uma análise concentrada na diversidade das práticas discursivas humanas (análise DO discurso).

São tendências diversificadas em relação ao eixo em torno do qual se movem as teorias. Todas, entretanto, proporcionam uma nova percepção do funcionamento da língua e incitam a repensar a natureza desse fenômeno cognitivo e social – o discurso.

Enquanto outros linguistas podem concentrar-se na determinação das propriedades formais de uma língua, o analista do discurso obriga-se a investigar para que se utiliza essa língua. Trabalhando esses dados, o analista trata seu *corpus* como o texto (registro) de um processo dinâmico no qual o falante utiliza a linguagem como instrumento de comunicação num contexto para expressar significação e fazer efetivas suas intenções no discurso.

Trabalhando esses dados, o analista intenta descrever as regularidades encontradas nas realizações linguísticas empregadas para comunicar esses significados e intenções. Conclui-se, pois, que o analista do discurso há de adotar necessariamente um enfoque pragmático ao estudar a linguagem em uso. Há de ter em conta o contexto no qual aparece uma *mostra discursiva*.

É oportuno lembrar, a partir das considerações apresentadas, as condições às quais se submete a Análise do Discurso:

- considerar a linguagem na sua dimensão psicossocial, ou seja, verificar que, por exemplo, um mesmo enunciado pode comportar efeitos diferentes, dependendo da relação que se firma entre os enunciatários;

- analisar as formações discursivas que compõem o tom polifônico do discurso, ou seja, o concurso de várias vozes integradas na do enunciador;

- perceber as marcas diferentes dessas vozes – marcas que se consideram de vários pontos de vista: do ponto de vista intelectual (o enunciador revela, ao falar, o grau de sua instrução); do ponto de vista social (o enunciador projeta-se como pertencente a uma determinada classe social); do ponto de vista psicoafetivo (o enunciador manifesta o estado de seu humor);

- verificar traços contrastivos – por exemplo, o discurso publicitário atual é bastante diferente da publicidade na década de 1950, quando não se enfatizava a imagem como produtora de mensagem – o que hoje se faz com particular insistência.

Nota-se, por conseguinte, que, no cenário atual dos estudos linguísticos, a Análise do Discurso tem trazido como resultado imediato a compreensão do fenômeno da linguagem numa extensão mais ampla – o termo **discurso** e seu correlato **Análise do Discurso** remetendo ao modo de apreensão da linguagem como, a um só tempo, integralmente formal e integralmente atravessada pelos embates subjetivos e sociais. A ênfase na natureza discursiva da linguagem exerce papel importante no processamento do discurso. Essa amplitude leva a considerar que a Análise do Discurso:

– não se restringe a dar conta de certos fatos da estrutura de uma língua ou de certas propriedades da natureza da linguagem;

– estende-se no sentido de justificar o modo pelo qual os falantes interagem quando colocam em funcionamento uma língua, quando agem em função dela, quando a usam para informar ou desinformar, quando dela se utilizam para comunicar ou para mandar calar;

– não se interessa tanto por aquilo que o texto diz ou mostra, pois não é uma interpretação semântica de conteúdos, mas seu interesse está voltado para o como e por que o texto o diz e mostra;

– interessa-se a explicar os *modos de dizer* conducentes ao mecanismo que articula o *conteúdo significativo transtextual* (ver, no primeiro capítulo, seção Relações transtextuais). Conteúdo identificado como o sentido do discurso enquanto dependente das circunstâncias da enunciação e dos destinatários aos quais o discurso é dirigido;

- interessa-se em considerar o discurso como noção integradora de duas dimensões: o texto e a interação/ prática discursiva.

Não pode, portanto, o discurso ser objeto de uma investigação puramente linguística. Seu domínio é muito mais vasto, estando a Análise do Discurso presa entre o real da língua e o real da história. **Língua** e **História** – repetimos – constituem dois caminhos para um trabalho em **Análise do Discurso**. Nessa tarefa, tanto podemos partir de uma materialidade, que é própria da língua, quanto partir do conhecimento, que é próprio da história. A materialidade do discurso configura-se na língua, enquanto o social constitui-se como a materialidade da História.

O caráter histórico do texto/discurso é um fator relevante à Análise do Discurso, visto que se discursivizam aí ideias e concepções de um grupo social de uma determinada época; discursiviza-se um modo de reconstruir o mundo e de ocupar o espaço. Assim, o texto, encarado como suporte do discurso, destaca-se pelas determinações ideológicas nele presentes colaborando diretamente com a construção do contexto.

É oportuno lembrar que a **ideologia** é fonte essencial de construção do sujeito e floresce a partir das formações discursivas adotadas pelo mesmo sujeito. Por exemplo, o editorial caracteriza-se como um espaço discursivo privilegiado para a prática da discussão e ainda se constitui como um texto que melhor define a personalidade ancorada pela ideologia do jornal.

Numa **distinção texto/discurso**, pode-se dizer que o *texto está situado na esfera do parecer*, enquanto o *discurso situa-se na esfera do ser*. Recorrendo ao processo da figurativização – próprio da conformação do discurso –, o texto seria o "solo", enquanto o discurso se configuraria no "subsolo", em que estão presentes as vozes que o compõem, a história e as grades culturais dos sujeitos nele inscritos. Há que considerar ainda – como vimos – não haver um sujeito único produtor do discurso – mas várias vozes, dado ser o discurso concebido como coconstrução.

Mantém-se a coerência pragmática do discurso pelos mecanismos enunciativos, entre os quais se distribuem as **vozes** que se expressam no texto (Bronckart, 1999: 131) e que podem ser reagrupadas em três subconjuntos:

- a **voz do autor** empírico;

- as **vozes sociais**: de outras pessoas ou de instituições humanas exteriores ao conteúdo temático do texto;

- as **vozes de personagens**, ou seja, as vozes de pessoas ou de instituições que estão diretamente implicadas no percurso temático.

Apenas para exemplificar, destacamos na charge a seguir a voz do autor empírico (autor da charge), as vozes sociais (na charge, simbolizadas na figura dos bois), as vozes de personagens (senador).

Fonte: GLAUCO, Folha de S.Paulo, 21 jun. 2007.

    No jogo dessas vozes, desenrola-se a trama discursiva, dando margem ao exercício da análise do discurso – que é, essencialmente, uma técnica que se interessa, em primeiro plano, pelo mecanismo que articula o conteúdo significativo **transtextual** (ver, no capítulo anterior, a seção "Relações transtextuais"). Efetiva, pois não propriamente uma interpretação semântica de conteúdo, mas uma elucidação de *como e por que* o texto diz. As palavras figuram sempre carregadas, ocupadas por outros discursos. É o **interdiscurso** que atravessa o **intradiscurso**.

Entende-se por **intradiscurso** as relações entre os constituintes do mesmo discurso; por **interdiscurso** as relações desse discurso com outros discursos. O já-dito, mas que já foi esquecido, tem um efeito sobre o dizer que se atualiza em uma formulação. Sendo assim, *o interdiscurso determina o intradiscurso, que é o dizer presentificado no texto.*

Cabem aqui as palavras de Bakhtin acerca da **dialogicidade interna do discurso**, de suas implicações quanto ao "já-dito", e à resposta antecipada, que traduzem, de certo modo, a tensão inscrita na produção discursiva: o discurso é orientado ao mesmo tempo para o discurso-resposta que ainda não foi dito, discurso, porém, que foi solicitado a surgir e que já era esperado.

A linguagem, sob esse aspecto, constitui-se como uma reação – resposta a algo em uma dada interação, e manifesta as relações do locutor com os enunciados do outro. O outro, no movimento dialógico, não é somente o interlocutor imediato ou virtual. É muito mais. O outro projeta-se a partir de discursos variados. São as outras vozes discursivas, posições sociais, opiniões, que se agregam de diferentes formas ao discurso em construção.

Para Bakhtin, o **discurso** é parte integrante de uma discussão ideológica em grande escala. Ele responde a alguma coisa, refuta, confirma, antecipa as respostas e objeções, procura apoio. Por sua vez, Charaudeau vê no interdiscurso um jogo de reenvios entre discursos que tiveram um suporte textual, mas de cuja configuração não se tem memória. Por exemplo, no *slogan* "Danoninho vale por um bifinho", é o interdiscurso que permite as inferências do tipo "os bifes de carne têm um valor proteico, portanto, devem ser consumidos (2004: 286).

A totalidade com a qual trabalha a Análise do Discurso é o estudo dos interdiscursos – a historicidade do discurso se sustentando no repetível.

Interdiscursividade

Detenhamo-nos no processo da **interdiscursividade** – traço particularmente constitutivo do discurso.

Dos estudos bakhtinianos, pode-se deduzir que a conjunção ou junção de vozes que se fazem ouvir ou que se dão a ouvir no discurso patenteia a natureza intersubjetiva da linguagem verbal. Todo discurso é, em princípio, interdiscurso – é sempre interpelativo ou apelativo em relação a outros discursos.

O sentido discursivo se constrói, na verdade, no **interdiscurso**. Parte-se do que já foi dito, do que tem sido dito, dos sentidos postos, para podermos sustentar nossa comunicação.

Todas as práticas sociais são sustentadas por um discurso – donde se infere, para sua interpretação, a importância do conhecimento do *universo discursivo,* ou seja, do *conjunto de campos discursivos que marcam uma determinada época.* Por exemplo, se não se lê a *Eneida*, de Virgílio, pouco ou mesmo nada se compreenderá de Camões em *Os lusíadas*.

> Portanto, em todos os caminhos que levam a seu objeto, o discurso encontra o discurso de outrem e estabelece com ele uma interação, ou seja, o discurso é dominado pela memória de outros discursos – daí a historicidade discursiva.

Por exemplo, ainda: no discurso didático, a voz do professor apela para a voz do cientista. Desse coro de vozes, resulta o traçado do discurso didático – as marcas da enunciação manifestando o jogo da intersubjetividade. Faz parte do dispositivo da rede discursiva do texto didático a relação que ele propõe entre cientista/professor/instituição escolar/aluno – relação cujo papel é primordial na reprodução das relações sociais pelo discurso. A instituição escolar é a instância legitimadora do dizer do discurso. O professor fala em nome de...., decorrendo dessa polifonia uma relativa neutralização da voz individual.

Trata-se da chamada relação pragmática, ou seja, das relações de saber e de poder em jogo. Exemplificam essa relação questões como a distância ou cumplicidade, imposição ou liberdade, superioridade ou nivelamento hierárquico. Assim, enunciador e coenunciador concretizam uma forma de explicitação de posicionamentos diversos em discursos que se tecem no texto sob o signo ou da concordância ou da oposição.

Da **formação discursiva** dominada pelo **interdiscurso** decorre o *assujeitamento ideológico do sujeito do discurso*. Vê-se, pois, repetimos, o interdiscurso como um conjunto estruturado das formações discursivas nas quais se fixa o posicionamento do sujeito no fio do discurso.

> As **formações discursivas** determinam o que se pode dizer; as **formações ideológicas** determinam o que se deve pensar. Tudo isso deve ser estudado num contexto (trans) cultural mais amplo. Obviamente, o discurso e a comunicação têm diferentes propriedades em diferentes culturas. É de se esperar, dadas as diferenças socioculturais entre culturas, que se analise como os tipos de discurso se realizam nessas diferentes culturas. Quer dizer: *quem dirá o quê? De que maneira? A quem?*, em um dado contexto.

Do exposto até então, pode-se enfatizar a questão do discurso ligado ao processo da interação social – o que se fará a seguir.

Quando alguém emite um enunciado em público, está contribuindo para a configuração do sistema social do qual esse enunciado faz parte, ou seja, o conjunto de pensamentos que regem a ordem social de uma determinada unidade (família, escola, grupo social, sociedade global). Os saberes e as opiniões manifestam-se por meio do discurso – tomada de posição em relação a algum aspecto da ordem social, seja para discuti-lo ou modificá-lo, seja para afirmá-lo ante um questionamento real ou virtual.

Isso significa que o discurso em si mesmo, isolado de toda informação exterior, torna-se uma entidade linguística inapropriada para a interação comunicativa, uma vez que é traço distintivo do discurso referir-se ao contexto, ao saber comum sobre um tema ou um objeto dentro de um grupo social, portanto, a outros discursos anteriores que contribuíram para a configuração desse saber.

O saber que constitui a ordem social, por ser um produto da troca de discursos entre os membros da sociedade, carece de limites precisos, pois está em permanente elaboração. Esses limites, que podem ser identificados como relativa estabilidade e formação continuada, definem a relação dinâmica entre a ordem social e a produção de discursos ligados a ela. E esse dinamismo, por sua vez, determina o caráter polêmico e, portanto, dialógico do discurso.

> Lembre-se de que, a partir de Bakhtin, o termo **discurso** passou a ser concebido no sentido "prelinguístico" de atividade comunicativa vinculada a uma determinada esfera da atividade social. O autor dá ênfase ao social, ao dialogismo, à sua concepção indicial do significado como algo que se produz em função dos diferentes contextos sociais.

À luz desses princípios, examinemos o texto seguinte:

Escola e educação

A objeção em relação ao processo educativo efetivado pela e na escola acarreta problemas legais de difícil resolução. Estriba-se o dilema na dúvida sobre a obrigatoriedade da educação: é um direito ou um dever que obriga os pais a, contra a sua vontade, escolarizar seus filhos? Nos Estados Unidos, todos os Estados permitem a educação em casa, alguns a regulando de forma mais rigorosa que outros.

Em outros países, como na Alemanha, a legislação é muito severa com os pais que fazem objeção à obrigatoriedade da educação pela escola.

Na Espanha, um porta-voz do Ministério da Educação postula que se interprete como um Dever o direito à educação escolar.

No caso dos Estados Unidos, o que se rejeita não é a educação em si, mas a escola como meio exclusivo para levar a cabo a educação. Esta parece ter sido a tese triunfante naquele país, onde, em alguns casos, os pais optaram por inscrever sua casa como uma escola privada nos Estados onde os tribunais manifestaram-se a favor do direito de liberdade dos pais em relação à educação dos filhos. "Education Othervise" (Educação de outra forma) é o nome do movimento que reúne no Reino Unido aqueles para quem a educação é um dever que os pais podem cumprir sem a Intervenção do sistema escolar.

Na Espanha, o movimento "Aprender sin Escuela" (Aprender sem escola) postula que os pais têm direito de transmitir suas ideias aos filhos, sempre que tenham a certeza de que o estão fazendo de modo superior ao que faria a escola.

Há educadores que ressaltam que a objeção ao ensino ministrado pela escola tem uma larga tradição, sustentada por filósofos como John Locke, e ressuscitada pelos movimentos socialistas dos anos 70.

Fonte: Texto adaptado de Martínez, M. C. *Análisis del discurso*. Universidad del Valle, 1997, p. 105.

O texto permite comprovar os tipos de conhecimentos e a maneira como intervêm na interação comunicativa da qual o discurso é veículo.

Sobressaem-se dois tipos de saberes:

1. Os saberes adquiridos através da experiência compartilhada no seio da vida social: nesse caso, o conhecimento que cada um tem do que é a escola, a classe de pessoas que nela convivem, as atividades que realizam, os objetivos que perseguem, os meios com que contam.

2. Os saberes que, explícita ou implicitamente, enquadram-se na ideologia dominante e, ativa ou passivamente, constituem os valores da sociedade.

Esses saberes criam-se e transmitem-se no intercâmbio comunicativo, porém subjazem nos hábitos das condutas e das relações interpessoais. Nesse caso, a ideia de que a educação é um bem, de que deve ser obrigatória, de que o Estado deve encarregar-se dela.

O discurso traz à tona, à consciência do leitor, uma evocação do sistema educativo, das situações vividas na escola e, em geral, daquilo que tem a ver com o ensino.

A informação nova trazida pelo texto – objeção em relação à escolarização dos filhos – identifica-se como uma posição a respeito de todo o conjunto de acontecimentos, experiências e opiniões comuns sobre seu tema ou objeto, independentemente de que as alusões a esse conjunto sejam poucas ou muitas.

Pode-se observar que o segundo tipo de saber compartilhado (o ideológico) apresenta-se tematizado e questionado no próprio discurso. Mais: é a problematização do conteúdo do contexto o que dá lugar ao discurso. No seu conjunto, apresenta uma alternativa para a solução institucional dada ao problema da educação. Para isso, enquanto discurso que participa do debate social sobre o tema, cita outros discursos (legais ou de opinião) que defendem explicitamente a ordem social ou a posição alternativa.

Infere-se dos comentários apresentados a interação entre discurso e ordem social.

Assim, poder-se-ia conceber uma sociedade em que a ordem social estivesse estabelecida de uma vez por todas, que constituísse um sistema de funcionamento perfeito, harmonioso e fechado – o que não ocorre, dadas as tensões naturais entre as aspirações individuais e coletivas. A ordem social é produzida no diálogo continuado entre ambas as tendências, sem que chegue a cristalizar-se em formulações explícitas, sem alcançar nunca uma configuração definitiva.

Na medida em que a ordem social se constitui como um potencial de saberes que se quer coletivo, e que deve conjugar certas aspirações individuais e neutralizar outras, o universo das palavras é potencialmente problemático. E é essa a condição que está na base da produção do discurso presente no texto "Escola e educação".

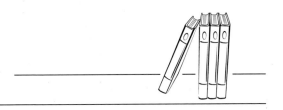

Texto e discurso

Texto e discurso: limites e convergências

Desde a década de 1960, as investigações da Linguística Textual revalorizam as questões atinentes à existência de uma unidade linguística superior à frase – o **texto** – numa tentativa de conceptualizar um nível de análise irredutível, do ponto de vista semântico, a uma nova concatenação de frases. É ainda segundo as propostas da Linguística Textual que se faz pertinente a identificação do texto como o documento no qual se inscrevem as múltiplas possibilidades do discurso.

É preciso lembrar que as ciências da linguagem distinguem **texto** e **discurso**. Nessa opção pela distinção, considera-se o **texto** uma produção formal resultante de escolhas e articulações feitas pelo produtor do texto – este amparado pelos recursos do sistema linguístico.

O **discurso** não é outra coisa senão esse mesmo texto, que, no entanto, se discursiviza na medida em que o seu analista busca as intenções não explicitadas, ou seja, a ideologia que move o autor na elaboração do texto.

Com efeito, a representação do discurso concretiza-se no composto textual, tendo-se, pois, o texto como repositório da carga discursiva. Ou ainda: os parâmetros linguístico-discursivos situam o texto no plano da História enquanto ajustado às condições necessárias à produção do discurso.

Tem-se, pois, na fusão texto/discurso, uma forma linguístico-histórica, sendo que a abordagem da análise do discurso conjuga a Língua com a História. Só se apreende bem o discurso vazado no texto quando se percebem determinadas virtualidades textuais em determinadas épocas – o que dá historicidade ao ato de ler.

Em relação à situação discursiva, o **texto** constitui-se como **unidade de sentido**. Corrobora essa ideia a definição de Bernárdez: "o texto é a unidade de conexão dos discursos; a unidade linguística em que os discursos aparecem conectados entre si. Não há propriamente discurso sem que constitua parte de um texto" (1995: 73).

De fato, é por meio da manifestação linguística vazada no texto que se poderá buscar o discurso e suas significações, entender como o discurso se engendra num *processo mais amplo*, determinado por questões históricas, sociais, culturais e ideológicas. Nesse sentido, o **discurso** é linguagem em ação, revelando a própria prática que interpela os indivíduos historicamente determinados.

Não se nega, pois, um conjunto de fatores históricos, reais ou convencionais em que o próprio texto se integra. Ou ainda: cada texto é compreensível apenas a partir de um contexto, do qual ele foi retirado e para o qual reenvia.

Nos estudos voltados para os fenômenos que ultrapassam os limites da frase, há uma diversidade de posicionamentos no que diz respeito às relações texto/discurso, alguns apontando para os limites existentes entre as duas entidades, outros assimilando as convergências que fazem da sintonização texto/ discurso uma unidade linguístico-social.

> A análise da convergência leva a considerar que **texto** e **discurso** constituem uma mesma materialidade linguística, ou seja, um mesmo conjunto de palavras e ideias organizadas com coesão e coerência. A diferença entre **texto** e **discurso** não está na materialidade, mas nos traços com que o processo da enunciação marca a materialidade textual. O conjunto de palavras deixa, pois, de ser texto e se transfigura em discurso, quando o leitor ou o ouvinte focaliza o objetivo de suas intenções. Desse modo, a análise do discurso inicia-se com a análise do texto. Apreende-se, então, o texto como *repertório do discurso*, não existindo o sentido sem a forma que o materializa.

O discurso privilegia a natureza funcional e interativa e não o aspecto formal e estrutural da língua. Não é um simples somatório de frases, mas um todo, semanticamente organizável, no plano da ação que o caracteriza e dos efeitos que provoca.

Nessa perspectiva, tem-se o **discurso** como um enunciado caracterizável por propriedades textuais, mas, sobretudo pelos dados contextuais de um ato de discurso cumprido numa determinada situação. Nessa situação, empresta-se relevância aos participantes do acontecimento discursivo, bem como à instituição da qual eles fazem parte e ao lugar e ao tempo em que se situam.

Observa-se ainda, na harmonização **texto/discurso**, que as relações de poder e dominação estão *inscritas* no texto e são *dinamizadas* na dimensão discursiva.

Como separar a dimensão social da textual e, principalmente, discursiva? A **dimensão do discurso** é considerada mediadora entre o **estritamente linguístico** e o **estritamente sociológico**, não existindo em *estado puro* nem o linguístico nem o social.

A **dimensão textual** representa-se implicitamente, se a compreendemos como uma sequência que, antes fechada, torna-se aberta pelo mecanismo de produção do discurso. E se, como objeto prático, o texto tem começo, meio e fim, como discurso caracteriza-se pela incompletude.

> Em Análise do Discurso, o texto deve ser pensado em relação ao discurso; o texto remete ao discurso, *o discurso valida o texto como unidade de significação*. É por essa razão que se diz que o sentido atravessa o texto, assim como o discurso é atravessado por outros discursos.

O sentido do texto não é único; ele admite uma pluralidade de leituras, mas não toda e qualquer interpretação, evidentemente. É preciso captar e analisar indícios para perceber as interpretações que são validadas no discurso.

Lembre-se ainda: enquanto o discurso é limitado por coerções sociais, a liberdade de textualizar é grande. Em termos práticos, configura-se isso no fato de não se poder dizer qualquer coisa, de qualquer modo, para qualquer pessoa.

Antes, pois, de estabelecer o quadro típico do texto, é preciso controlar os fatos do discurso, isto é, *saber quem fez o que para quem* e verificar *que relação uma ação descrita pelo discurso tem com as outras ações em seu contexto.*

Constata-se, pois, tratar-se de dois pontos de vista complementares, só separáveis por razões metodológicas. Essa separação está ligada a princípios que ressaltam a conformação do discurso como resultante da articulação entre enunciado e uma situação de enunciação singular – dimensão propriamente discursiva.

Liga-se ainda a distinção entre articulação do textual e articulação do discursivo a princípios que insistem sobre o *que dá ao texto certa unidade,* sobre o que faz dele *um todo* e não uma simples sequência de frases.

> Considerada a distinção entre texto e discurso e a diversidade de estratégias que os explicam, convém, sim, eleger uma teoria descritiva das particularidades de cada um, ou seja, para a análise do texto, por exemplo, os ditames das Linguística Textual; para a análise das intenções do produtor do discurso, as propostas, por exemplo, da análise do discurso – esta, por natureza, perquiridora das manifestações ideológicas de um dado grupo social, em uma determinada época. Finalmente, uma teoria auxiliar que explique ou justifique a pertinência da interação textual e discursiva com essas manifestações.

Entre a análise do discurso e a linguística existe uma *relação permeada pela língua.*

Não será, portanto, descabido ver nos próprios aspectos convergentes entre texto e discurso os limites que os distinguem e que, por isso, os colocam em níveis diferentes; o **texto** no âmbito **intratextual**, o **discurso** estendendo-se à esfera **extratextual** – suas significações dependendo do contexto situacional em que se insere.

Deduz-se, pois, que a rede constitutiva do texto é uma rede complexa da qual fazem parte os discursos, as formações discursivas com seus mecanismos constitutivos, intradiscursivos e interdiscursivos. Da explicitação desses mecanismos intra e interdiscursivos decorre o sentido do texto/discurso. Entre os dois níveis – Linguística Textual e Análise do Discurso –, observa-se, pois, não um processo dicotômico, mas uma engrenagem de intersecção.

> Do exposto até este ponto, é possível inferir que não há fronteira real que separe a textualidade da contextualidade, como fenômenos socialmente excludentes. Não há texto que não esteja contextualmente inserto, nem contexto que não encapsule textos. Porém, o grau de inserção e o de encapsulamento é variável, e a interpretação por parte do sujeito pode adotar um ponto de vista graduado implícita ou explicitamente. Por outro lado, a atividade interpretativa é principalmente textual como atividade produtiva, porém contextual quando o produzido é um método de orientação do sujeito da atividade textual em um universo circundante. Uma análise interpretativa não pode, por conseguinte, prescindir das significações que emanam tanto da organização textual quanto da interação discursiva – todas elas convergentes para o sentido global do texto/discurso.

Buscar esse sentido implica a compreensão do que está dito somada à do que não está dito e também significando no texto. O sentido do texto/discurso organiza-se no jogo interno de dependências estruturais e nas relações com aquilo que está fora dele. É preciso conciliar, numa perspectiva teórica, o estudo dos mecanismos intra e interdiscursivos de produção do sentido.

Esses mecanismos deixam clara a diferença entre **sentido linguístico** e **sentido discursivo**, assim concebida:

O **sentido linguístico** constrói uma visão certamente simbolizada (não há linguagem sem processo de simbolização referencial), mas essencialmente referencial do mundo. Ela pode, pois, operar com um signo linguístico capaz de associar o significante a um significado pleno nas suas relações sintagmáticas e paradigmáticas.

O **sentido discursivo** não opera com esse tipo de unidade. Certamente, o signo remete a algum significado, mas esse não pode ser visto a partir de um valor absoluto pleno e autônomo. Ele atua no discurso apenas como uma proposição de sentido, como um sentido potencial cuja articulação com outros signos contribui para construir o *sentido discursivo*.

Lembremos dois fatos correlativos centrais no estabelecimento da diferença entre **sentido linguístico** e **sentido discursivo**:

1. O receptor busca não tanto o sentido das palavras ou o resultado da combinação entre elas, mas o sentido comunicativo e social; precisa estabelecer uma relação entre os enunciados e os dados da situação onde se desenvolve a interação. Os enunciados não significam em si mesmos – só se tornam interpretáveis quando relacionados a um contexto determinante.

2. Outro fato que distingue o sentido linguístico do sentido discursivo decorre do primeiro: exige-se um novo tipo de competência tanto para quem produz um ato de linguagem como para quem o interpreta. Essa competência recebe denominações diversas – *competência comunicativa, competência situacional, competência pragmática, competência dialógica*. A competência de produção/interpretação ultrapassa o simples conhecimento das palavras e de suas regras de combinação e requer um saber mais global, que compreende outros elementos da interação social e que, não obstante, fazem parte do processo de enunciação, conforme nos revela a leitura da tirinha que nos serve de exemplo:

HAGAR - DIK BROWNE

Fonte: *Folha de S.Paulo*, 3 mar. 2007

Sintetizemos as diferenças entre **sentido linguístico** e **sentido discursivo**:

Sentido linguístico	Sentido discursivo
Explícito na linguagem	Implícito (pressupostos, subentendidos)
Literal	Indireto (teoria dos atos de fala)
Compreensão	Interpretação
Tematização do ato enunciativo	Problematização do ato enunciativo

Essas distinções indicam que o sentido discursivo se constrói como resultante de duas forças: *centrífuga,* que remete às condições extralinguísticas da enunciação; *centrípeta,* que organiza o sentido em uma sistematicidade intralinguística.

Essas diferenças mostram ainda que as condições de pertinência de uma linguística do discurso são diferentes das condições de uma linguística da língua.

Relações intertextuais e relações discursivas

Se se distingue a noção de texto da noção de discurso, distinguem-se igualmente as noções de **intertextualidade** e **interdiscursividade**. Os discursos só significam na interdiscursividade, como também os textos só significam na intertextualidade, impondo-se a distinção entre esses dois tipos de relações:

- a primeira – a **interdiscursividade** – concernente à enunciação, ou seja, ao processo de produção discursiva;
- a segunda – a **intertextualidade** – relativa aos enunciados – textos que resultam do processo da enunciação.

Tanto um fenômeno quanto o outro dizem respeito à presença de duas vozes num mesmo segmento textual ou discursivo. Mas apresentam também diferenças.

Assim, define-se a **intertextualidade** como um processo de *incorporação de um texto em outro,* seja para reproduzir o sentido incorporado, seja para transformá-lo. Na tirinha a seguir, facilmente identificamos que o texto que se encontra na base da produção é a história de Chapeuzinho Vermelho:

NÍQUEL NÁUSEA - FERNANDO GONSALES

Fonte: *Folha de S.Paulo,* 12 dez. 2007.

A **interdiscursividade** identifica-se como *interação com um dado discurso,* uma *memória discursiva,* que constitui um contexto global que envolve e condiciona a atividade linguística.

Assim concebida a interdiscursividade, à luz do pensamento de Bakhtin, que empresta rigor a noções intuitivas, em geral, torna-se impossível a apreensão do discurso sem a percepção das relações dialógicas, ou seja, sem história.

> São certamente condenáveis as teorias que admitem passar uma esponja na História, como se nela não se firmasse o fio condutor dos discursos. É certo, no entanto, que apreender a historicidade do discurso é tarefa bem mais complexa do que fazer uma análise do discurso acoplando os elementos que fazem parte da constituição discursiva.
>
> Seja qual for, no entanto, o exercício, cabe ao estudioso do discurso considerar a variedade dos contextos culturais, sem, contudo, descuidar de descobrir no texto um acesso claro, possível e amplo para as interpretações. É preciso que o universo discursivo, isto é, o conjunto de campos discursivos numa determinada época, seja conhecido para uma interpretação válida do discurso.

No processamento textual-discursivo, vale ressaltar as estratégias cognitivas, textuais e sociointeracionais. Deve-se entender **estratégia** como uma ação que conduz a um objetivo específico, sob a dependência de condições contextuais. Diferente da regra, a estratégia funciona como uma via pela qual o produtor do texto/discurso dispõe da facilidade de optar para conseguir a eficácia da comunicação. Assim, as estratégias cognitivas, textuais e sociointerativas representam poderoso instrumental no processamento textual/discursivo, seja no ato da produção, seja na atividade da recepção.

As **estratégias cognitivas** efetivam-se à luz de um "cálculo mental", daí resultando uma inferência geradora de uma informação semântica nova inspirada em dados da superfície textual (ver, no primeiro capítulo, a seção "Tipos textuais").

As **estratégias textuais** representam-se nos processos particularmente explorados pela Linguística Textual, ou seja, a correferenciação, a pronominalização, a sintonia tema/rema, as microestruturas, as macroestruturas (estruturas temáticas), as superestruturas (estruturas esquemáticas) conforme abordado no capítulo "Texto: definição e extensão".

As **estratégias sociointeracionais** perseguem o alcance da interação verbal – o que se harmoniza com fatores de textualidade, tais como a intencionalidade, a aceitabilidade e a situacionalidade.

Intencionalidade e aceitabilidade são propriedades centradas, respectivamente, no produtor e no receptor do texto. Nessa integração produtor/receptor, o texto passa a funcionar como manifestação intencional de duas subjetividades – o enunciador movido pela *intenção* de imprimir a seus enunciados as marcas de coesão e coerência, que garantam o alcance dos objetivos do texto.

Por sua vez, o enunciatário dispõe-se a uma posição de aceitabilidade. Estabelece-se, assim, uma inter-relação que aborda o texto: 1) de um ponto de vista psicologista, enquanto ele é encarado como uma manifestação intencional de subjetividade; 2) de um ponto de vista psicossociologista, ou seja, o texto visto como um instrumento do qual produtor e receptor dispõem para acederem um ao outro. **Intencionalidade** e **aceitabilidade** definem-se, pois, em relação às atitudes, objetivos e expectativas daquele que produz e daquele que recebe o texto.

A **situacionalidade** é uma propriedade ligada às condições de maior ou menor relevância do texto vinculado a uma dada situação.

Mecanismos operadores da intertextualidade e da interdiscursividade

O processo de incorporação de um texto em outro – efetivado na intertextualidade – realiza-se no funcionamento de **mecanismos** diversificados, tais como a **citação**, a **alusão**, a **estilização**. Reflitamos sobre cada um desses mecanismos.

Citação é um instrumento intertextual capaz de desempenhar várias funções, segundo a sua colocação na linearidade do texto. Assim, podemos concebê-la como simples *ilustração* – o próprio tema *ilustração* referenciando a possibilidade de uma função puramente auxiliar ou de apoio da citação. Tome-se como exemplo a afirmação de C. Grivel em "Les universaux du texte": "Um texto é uma operação de citações. Seu tecido é perfeitamente citatório, até mesmo reiterativo [...]. Um texto constitui sempre uma reação a outros textos [...]. Neste sentido, um autor é um compilador" (1978: 25).

Em outros contextos, o recurso da citação pode funcionar como um *tema*, tal qual acontece quando cumpre a função de epígrafe e aí se define como o fator de vinculação do texto a determinado sentido, quando não mesmo a um universo literário.

É exemplo dessa ocorrência *O pirotécnico Zacarias*, de Murilo Rubião – coletânea de oito contos precedidos de epígrafes bíblicas –, estas com caráter funcional na história, numa insinuação de sentido, em funda analogia com a linha temática dos contos.

Veja-se, por exemplo, a epígrafe que precede o conto "O edifício":

> Chegará o dia em que os teus pardieiros se transforma-
> rão em edifícios: naquele dia ficarás fora da lei (1986: 35)

Harmoniza-se com o tom profético da epígrafe a predição da lenda inserida no conto, segundo a qual surgiriam graves desentendimentos entre os operários, atingidos o octingen-tésimo andar do edifício em construção.

A expressão bíblica *ficarás fora da lei* explica a reali-zação da profecia, não obstante a esperança do engenheiro construtor: "Daqui para frente nenhum obstáculo inter-romperá nossos planos! [...] os olhos permaneciam ume-decidos, mas os lábios ostentavam um sorriso de altivez" (Rubião, 1986: 39).

É possível ainda atribuir à passagem que se apresenta no texto sob forma de citação uma *função conclusiva,* tal como acontece, por exemplo, no final do conhecido romance de Umberto Eco, *O nome da rosa,* em que a citação latina *"stat rosa pristina nomine, nomina nuda tenemus"* (A rosa pri-mordial permanece no nome, nós mantemos os nomes nus) traduz em síntese o espírito que vivifica a obra. Assim,

> Texto-enxerto, a citação enraíza-se em seu novo meio, articulando-o com outros contextos e, assim, efetivando o trabalho de assimilação que, ao lado do da transformação, propõe-se como essência da intertextualidade. (Guimarães, 1990: 25-26).

O mecanismo da **citação** figura também no processo da **interdiscursividade** quando o texto citado se apresenta como uma espécie de aval ao discurso recém-produzido. Aí, a citação, tal como a referência bibliográfica, tem por função reforçar com o leitor a comunidade de repertório, estabelecer uma espécie de conivência, ancorar o discurso produzido no discurso geral, tal como circula na comunidade de leitores à qual se destina.

A **alusão**, no processo intertextual/interdiscursivo, representa-se na referência pouco precisa ou indireta a alguém ou a alguma coisa – menção mais ou menos vaga, exigindo do leitor ou ouvinte certa cultura para sua compreensão. Por exemplo, Camões termina seu Soneto 55 com uma clara alusão: Fugi das fontes: lembra-vos Narciso. Aí, o conhecido mito de Narciso serve de contexto para o entendimento do sentido do verso.

O mesmo ocorre nos versos de Caetano Veloso: quando eu te encarei frente a frente não vi o meu rosto/ é que Narciso acha feio o que não é espelho. A imagem da cidade de São Paulo retida na mente do poeta não correspondia à realidade com a qual ele se defronta chegando a São Paulo. Vê-se que, no processo discursivo, incorporam-se temas e/ou figuras de um discurso – unidade maior – que embasa contextualmente o novo discurso.

No processo intertextual, integram-se ainda os textos pelo mecanismo da **estilização**, que visa ao aprimoramento, ao apuro do texto em relação a sua forma, conservando, no entanto, a configuração temática – processo característico da intertextualidade. A forma varia sob a manutenção do tema.

Tanto a prática intertextual quanto a interdiscursiva define uma espécie de horizonte de expectativa, sobre a qual o novo texto ou o novo discurso vem a se inscrever e a expressar o sentido. Todo texto, todo discurso, pela relação que estabelecem com o texto/discurso geral, disseminam fragmentos de sentido já conhecido pelo leitor, desde a citação direta até a sua escritura mais elaborada.

Esse fenômeno não se aplica apenas ao texto/discurso literário. Manifesta-se em outros tipos de discursos, como, por exemplo, no *discurso científico,* em que o aparelho de notas, de referências bibliográficas, de citação assinala o texto/discurso como o lugar de circulação de uma infinidade de sentidos provenientes de fontes textuais e discursivas diversas.

Ainda em relação aos processos **intertextual** e **interdiscursivo**, é válido lembrar que a intertextualidade nem sempre se faz presente no texto – o que não acontece com a prática da interdiscursividade, processo inerente ao discurso.

Análise dos textos

Para uma compreensão mais aprofundada da intersecção **texto/discurso**, analisemos os seguintes textos:

1 – Quien supiera escribir!

A exclamação de um verso de Campoamor me vem à lembrança às vezes – como neste momento em que eu tanto precisaria dizer tantas coisas, e não sei dizê-las. Esta é a terceira ou quarta vez que ponho o papel na máquina e começo a escrever, mas sinto que as frases pesam ou soam falso, e as palavras dizem de mais ou de menos e a escrita sai desentoada com o sentimento.

Fonte: Braga, Rubem. *200 crônicas escolhidas.* Rio de Janeiro: Record, 2007, p. 53.

2 – Hoje não escrevo

Chega um dia de falta de assunto, ou mais propriamente, de falta de apetite para os milhares de assuntos.

Escrever é triste. Impede a conjugação de tantos outros verbos. Os dedos sobre o teclado, as letras se reunindo com maior ou menor velocidade, mas com igual indiferença pelo que vão dizendo, enquanto lá fora a vida vê a simples claridade da hora, vedada a você que está de olho na maquininha. O mundo deixa de ser realidade quente para se reduzir a marginália, purê de palavras, reflexos no espelho (infiel) do dicionário.

– Que é isso, rapaz? Entretanto, aí está você, casmurro e indisposto para a tarefa de encher o papel de sinaizinhos pretos. Conclui que não há assunto, quer dizer que não há para você. Porque ao assunto deve corresponder certo número de sinaizinhos, e você não sabe ir além disso, não corta na verdade a barriga da vida, não revolve os intestinos da vida, fica em sua cadeira, assuntando, assuntando...

Fonte: ANDRADE, Carlos Drummond de. Hoje não escrevo. I *De notícias e não notícias faz-se a crônica*. Rio de Janeiro: Record, 1974, p. 46.

3 – Declaração de amor

Está é uma declaração de amor. Amo a língua portuguesa. E ela não é fácil. Não é maleável. E, como não foi profundamente trabalhada pelo pensamento, a sua tendência é a de não ter sutilezas e de reagir às vezes com um verdadeiro pontapé contra os que temerariamente ousam transformá-la numa linguagem de sentimento e tristeza. E de amor. A língua portuguesa é um verdadeiro desafio para quem escreve. Sobretudo para quem escreve tirando das coisas e das pessoas a primeira capa de superficialidade.

Às vezes ela reage diante de um pensamento mais complicado. Às vezes se assusta com o imprevisível de

> uma frase. Eu gosto de manejá-la como gostava de estar montada num cavalo e guiá-lo pelas rédeas às vezes lentamente, às vezes a galope.
>
> Fonte: LISPECTOR, Clarice. Declaração de amor. *A descoberta do mundo.* Rio de Janeiro: Nova Fronteira, 1984, p. 134.

Trata-se de três textos ligados a um mesmo referente – a *língua portuguesa.* Três textos repositórios do mesmo discurso, ou seja, a dificuldade configurada no *ato de escrever* – a luta entre o pensamento e o instrumento capaz de traduzi-lo: a língua.

Quando um *mesmo discurso* é expresso por *textos diferentes,* nota-se que todos reproduzem o sentido básico do discurso, mas cada um apresenta certas peculiaridades significativas.

Assim, o sentido básico do discurso é o mesmo em cada um dos textos em análise – sentido expresso nos segmentos configurados como *macroestrutura textual/discursiva* – como se pode observar nos seguintes segmentos:

> "[...] as palavras dizem de mais ou de menos" – Rubem Braga
> "[...] escrever é triste. Impede a conjugação de tantos outros verbos" – Carlos Drummond de Andrade
> "[...] a língua portuguesa é um verdadeiro desafio para quem escreve" – Clarice Lispector

"Escrever é difícil": é esse o sentido básico do discurso expresso nos três textos. Esse sentido básico tem suas raízes, seu fundamento num tradicional discurso, numa convicção que assumiu foros de consenso entre aqueles que lidam com a língua portuguesa na atividade da escrita, que se defrontam com meandros de natureza linguística. As ideias que tematizam seu discurso são aquelas veiculadas na sociedade em que vivem.

Nesse ponto, os três textos se enquadram no nível do discurso, ou seja, no plano social. De fato, a linha discursiva dos três textos reflete um ponto de vista de uma camada social a respeito da dificuldade de emprego da língua no momento de escrever. Concebe-se, pois, a *ideologia construindo-se a partir da realidade.*

O discurso aciona, portanto, uma posição de sujeito em que os autores falam na perspectiva do senso comum, mobilizando essa perspectiva como argumento para o que dizem. Esses autores representam, assim, o *enunciador genérico*, uma espécie de porta-voz dos utentes da língua. A ideia que formaliza o discurso é veiculada na sociedade em que vivem os autores.

Assiste-se, pois, a uma *polifonia discursiva* – um *eu* é sempre várias vozes no concerto interacional do discurso.

Observa-se ainda a intensificação da tese da dificuldade do ato de escrever pelo fato de serem escritores os autores – profissionais da escrita, da utilização dos recursos linguísticos impressos na comunicação escrita.

Como foi explorado no capítulo "Discurso: definição e extensão", a atribuição de sentido aos enunciados do discurso prende-se também ao exame da *posição do sujeito:* quem é esse sujeito que fala, o que ele fala, como ele fala, o que ele significa com sua fala, o que ele deixa de falar. Dessa maneira, identifica-se o sujeito em relação às suas filiações de sentido, apreendendo o significado de sua fala, a partir de determinada posição dentro de uma comunidade.

A ocorrência de cada um dos textos constitui um *acontecimento discursivo*, entendido esse conceito como Pêcheux o formula, isto é, do ponto de encontro de uma atualidade e de uma memória. Igualmente, a materialidade linguística do texto é um instrumento revelador da *presença da memória social*.

Os três textos estão obviamente em relação intertextual; os três remetem para o mesmo fato, ainda que haja sutis distinções no processo de significação que cada um constrói.

Essas distinções, vistas no plano textual, configuram-se nos *efeitos estilísticos*, que, no texto marcado pela literariedade, não apenas exploram um conteúdo, mas também recriam esse conteúdo no plano da expressão; manifesta-se o conteúdo não apenas *pela expressão,* mas ainda *na expressão*.

Sabe-se que a Estilística é uma das áreas em que Linguística, Pragmática e Estética se imbricam. Os três textos – porque literários – mantêm uma espécie de conivência tácita, ou melhor, uma *perfeita osmose* com *a poesia* (principalmente o texto de Clarice Lispector). Têm o sentido da sutileza, do lance poético, da leveza para se desprender do real – o que é da essência da literariedade.

Rubem Braga inicia o seu texto valendo-se do recurso intertextual de uma citação de um verso do poeta Campoamor: "*Quien supiera escribir*".

Carlos Drummond de Andrade, explorando a incidência da "falta de assunto para escrever", estabelece uma relação entre o sujeito enunciador e o enunciatário, entre a situação da enunciação e o enunciado – "Você não sabe ir além disso" –, o que empresta ao texto/discurso uma coloração particular – coloração vivificada pela bela metáfora alusiva à incapacidade de sondar, de atingir o âmago das coisas: "não corta na verdade a barriga da vida, não revolve os intestinos da vida".

Clarice Lispector, num processo de antropomorfização da língua portuguesa, utiliza-se de significativa comparação: "Às vezes ela reage diante de um pensamento mais complicado [...] eu gosto de manejá-la – como gostava de estar montada num cavalo e guiá-lo pelas rédeas, às vezes lentamente, às vezes a galope".

Consideradas as três obras, tanto na sua estrutura física – na qualidade de texto – quanto na sua estrutura significativa – na qualidade de discurso –, faz-se plausível relembrar que, enquanto o discurso é limitado por coerções sociais, a liberdade de textualizar é grande.

Da análise que objetivou explorar o fato da intersecção entre texto e discurso, conclui-se que é subordinada à dimensão discursiva que a dimensão textual realiza a dinamização das categorias linguísticas.

A integração dos conhecimentos prévios com os significados expressos no texto explica a variedade de possíveis interpretações dada a um mesmo texto – variedade limitada pelo aspecto convencional do conhecimento linguístico e extralinguístico utilizado pelo autor e apontado pelo leitor. Nessa integração, capta-se o discurso – unidade que comporta outra integração: a das duas orientações filosófico-linguísticas que, no decurso do tempo, dividiram o estudo da linguagem: a linguagem como conhecimento e a linguagem como comunicação, ou seja, respectivamente, a ênfase no estudo do sistema abstrato ou a ênfase no sistema em uso.

Desse raciocínio pode-se deduzir acerca da análise do nível textual e da análise do nível discursivo. A **análise do nível textual** mostra a maneira como a informação velha se relaciona com a informação nova por meio dos laços significativos que asseguram a continuidade do texto e o constituem em uma unidade coesiva.

A **análise no nível do discurso** permite atentar para a maneira como a linguagem é utilizada a fim de realizar atos comunicativos específicos num gênero discursivo particular, relacionando o texto com o contexto, com uma intenção comunicativa, com a informação – o que se traduz na construção de uma unidade discursiva coerente. Coerência que se articula com a maneira como se relacionam os atos comunicativos entre si no interior de um discurso, isto é, a maneira como esses atos se organizam hierarquicamente para formar unidades comunicativas maiores que caracterizam o discurso como um todo, como um tipo específico de comunicação.

Do exposto até este ponto, é possível lembrar que não há fronteira real que separe a textualidade da contextualidade, como fenômenos socialmente excludentes. Não há texto que não esteja contextualmente inserto, nem contexto que não encapsule textos. Porém, o grau de inserção e o de encapsulamento é variável, e a interpretação por parte do sujeito pode adotar um ponto de vista graduado implícita ou explicitamente.

Noções como "ideologia" ou "concepção do mundo" revelam essa interpenetração mútua do texto e do contexto, do texto e do discurso.

A linguagem, ao fazer-se texto, ao ser produzida, contribui para contextualizar as circunstâncias que a determinam como texto em um intervalo – o que se pode considerar como uma sequência de situações em continuidade.

Pode-se, pois, afirmar que o constitutivo do texto não é a "forma" nem o "estilo", mas o mecanismo em que se baseia sua coerência interna como estrutura discursiva específica.

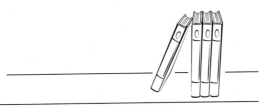

Texto, discurso e ensino: uma necessária articulação

Função da sintaxe na rede textual/discursiva

Partindo da hipótese de que se desconhecem, em menor ou maior grau, os princípios linguísticos, textuais e discursivos, responsáveis pela produção de textos bem formados, tecem-se, neste capítulo, considerações acerca da necessidade de instrumentalização do aluno no sentido de construir a significação completa do seu texto/discurso.

Para isso, retomamos alguns princípios que nos nortearam nos capítulos antecedentes, dedicados a questões ligadas à definição e à extensão do texto e do discurso. Retomando esses princípios, sugerimos, nas linhas e nas entrelinhas, um ensaio de *metodologia de ensino,* sem, no entanto, pretender fazer teoria do texto ou teoria do discurso.

Começamos pela **sintaxe** *concebida como processo organizacional do texto,* como princípio construtivo das estruturas linguísticas, como *subsídio básico para um processo de textualização.*

A **microestrutura**, a **macroestrutura** e a **superestrutura** do texto, como vimos no capítulo "Texto: definição e extensão", traçam uma rede relacional hierárquica, ou seja, uma unidade decomponível em partes ligadas entre elas e ligadas ao todo por elas constituída.

Dessa ligação é que resulta o **processo de textualização** – garantia da textualidade –, produto resultante de todo esse elo relacional.

Com Halliday e Hasan, concebemos o fenômeno da textualidade como uma rede de relações que fazem com que o texto não se reduza a um simples somatório de frases; antes, revela uma conexão entre as intenções, as ideias e as unidades linguísticas que o compõem, por meio de encadeamento de enunciados dentro do quadro inspirado na enunciação.

Essa integração resulta no processo de **coesão textual**, definida por Halliday e Hasan como "um conceito semântico que se refere às relações de sentido existentes no interior do texto e que o definem como um texto" (1976: 4).

Segundo os referidos autores, a coesão ocorre quando a interpretação de algum elemento no discurso é dependente da de outro. Um pressupõe o outro, no sentido de que não pode ser efetivamente decodificado a não ser por recurso ao outro.

Veem-se, assim, como constituintes de coesão os processos de sequencialização que asseguram ou tornam recuperável uma ligação linguística entre os elementos constitutivos da rede textual.

Trata-se, portanto, de uma ligação cuja natureza acaba por tornar comprometidos entre si *os fatos de natureza sintática e os de natureza semântica,* num enlace que se efetiva por meio do sistema léxico-gramatical, como, aliás, acontece com todos os componentes do sistema semântico.

É, pois, inegável o consórcio entre a rede sintática e o fio condutor da mensagem na constituição da trama do texto – princípio sobre o qual se firma o conceito de coesão na ótica de Halliday.

A partir desses princípios relacionados com a organização sintática do texto, cabe à atividade docente orientar os exercícios de análise sintática, por exemplo, numa perspectiva de integração da sintaxe com os modos de organização garantidores da clareza e da lógica da expressão, ou seja, da coesão e da coerência do texto. Não reduzir o ensino/prática da análise sintática seja à memorização de fastidiosa nomenclatura, seja à distinção de funções.

É no exercício de operação sobre a linguagem que se apreende, por exemplo, a *articulação das estruturas sintáticas,* bem como as diversas funções exercidas pelos termos constitutivos dessas estruturas. Assim também se apreende o papel da morfologia nos processos sintáticos e o valor das diversas classes de palavras na construção do texto. "Mais importante do que dividir e classificar orações é captar os nexos que as integram umas nas outras" (Guimarães, 1999: 129).

São, portanto, as leis da sintaxe, mais que as outras, que determinam as sequências possíveis numa língua, para que as regras semânticas, por sua vez, definam as interpretações possíveis a ser dadas aos nexos gerados pela sintaxe-fator estrutural básico, fator central da interpretação semântica dos enunciados – verdadeiro eixo da textualidade, uma vez que a ideia só toma forma num arranjo sintagmático. Está no fatiamento sintático uma das estratégias cognitivas de processamento do texto.

Nexos lógicos no processo organizacional do texto

São, pois, de extrema importância e valia exercícios que levem à capacidade de apreensão dos **nexos lógicos**, dos **elos coesivos** no processo organizacional do texto.

Arrolam-se, por exemplo, entre esses nexos lógicos as seguintes relações para as quais concorrem propriedades estruturais dos *conectores* presentes no texto ou que nele podem ser inseridos.

Ao processo hierárquico que preside a organização textual/discursiva vincula-se uma diversidade de relações:

- **Relações de causa e efeito** cujas marcas mais frequentes são: porque, porquanto, visto que, visto como etc. Exemplo:

Obras de Picasso serão expostas no México

Pelo menos 97 obras do artista cubista Pablo Picasso serão expostas no Festival da Cidade de Mérida 2009, no México, que terá a Espanha como país convidado. A exposição coloca em destaque a cidade de Mérida, em Yucatán, sudoeste mexicano, *porque* é a primeira vez que estas obras serão expostas no país. Na ocasião estarão presentes gravuras e litografias originais do autor cubista expostas ao público entre 15 de janeiro e 25 de março. Resultado de coordenação das prefeituras de Mérida (México) e Málaga (Espanha), a mostra aponta para o desejo de confraternizar e promover o desenvolvimento cultural e econômico dos dois povos.

Fonte: *Folha Online*. Ilustrada, (Agência Ansa) 29 dez. 2008.

- **Relações de reformulação**: ou seja, ou melhor, enfim, finalmente, em suma etc. Exemplo:

O capitalista e o comunista

Davos - Pode-se acusar George Soros de tudo ou de quase tudo, menos de não saber ganhar dinheiro. [...] O megainvestidor lembra, de novo com toda a razão, que não foi um "choque exógeno" que levou aos "distúrbios' no sistema financeiro.

Ou seja, os "distúrbios" nasceram no próprio sistema financeiro e acabaram por levá-lo ao "colapso", sempre na análise de Soros.

Ele se recusa a fazer previsões sobre o tamanho e o tempo de duração da recessão provocada pelos "distúrbios" (ou "colapso", você escolhe). Diz que não é importante.

Fonte: Rossi, Clóvis. *Folha de S.Paulo*, 29 jan. 2009.

- **Relações de condicionalidade**: se, salvo se, caso, contanto que, uma vez que, a menos que etc. Exemplo:

Minduim Charles M. Schulz

Fonte: *O Estado de S. Paulo*, 15 fev. 2007.

- **Relações de inclusividade**: e, nem, também, não só... mas também, não só...como ainda etc. Exemplo:

Banco escolar

A Febraban, federação que reúne as instituições financeiras, está debruçada sobre a criação do que seria uma "universidade dos bancos". A ideia é lançar cursos de MBA, por exemplo, *não apenas* para o público-alvo (como executivos do mercado financeiro), *mas também* para o público externo, como recém-formados em economia e jornalistas que cobrem a área. Marisa Eboli, professora da USP, foi contratada como consultora do projeto.

Fonte: BERGAMO, Mônica. *Folha de S.Paulo*, 2 set. 2008.

- **Relações de topicalização**: com relação a, no que se refere a, no que diz respeito a, concernente a etc. Exemplo:

Lula considera encerrada a discussão sobre refúgio político de italiano, diz porta-voz

O presidente Luiz Inácio Lula da Silva considera as discussões sobre o caso do ex-ativista Cesare Battisti encerradas *no que se refere aos* debates no governo federal – que recebeu críticas de autoridades italianas por ter concedido o status de refugiado político ao italiano. O porta-voz da presidência da República, Marcelo Baumbach, disse que não há mais o que comentar sobre o tema.

Fonte: GIRALDI, Renata. *Folha Online*, 28 jan. 2009.

- **Relações de diferença, oposição**: mas, porém, entretanto, no entanto, embora, apesar de, mesmo que, ainda que, não obstante, a despeito de. Exemplo:

Fonte: *O Estado de S. Paulo*, 10 mar. 2004.

- **Relações de combinação**: como, conforme, consoante, segundo, de acordo com, paralelamente a etc. Exemplo:

Linha da vida

O número de transplantes no Brasil cresceu 10% em 2008, *de acordo com* dados preliminares da ABTO (Associação Brasileira de Transplantes de Órgãos). O número está sendo considerado excelente – em 2007, o crescimento foi de 0,98%.

Fonte: BERGAMO, Mônica. *Folha de S.Paulo*, 26 jan. 2009.

- **Relações de reforço e expansão**: por inferência, segundo o testemunho, no dizer de, no sentir de, no julgar de, mais uma razão, *a fortiori*, em corroboração, em fé do que, em confirmação de etc. Exemplo:

Centenas de pessoas continuam desaparecidas após naufrágio na Indonésia

Centenas de pessoas continuam desaparecidas na Indonésia um dia depois que uma embarcação com cerca de 267 pessoas a bordo naufragou perto da ilha de Célebes (norte do país) no meio de uma forte tempestade.

A Agência Nacional de Salvamento apenas confirmou por enquanto o resgate de 18 pessoas, todos ilesos. O grupo conseguiu se salvar nadando até a costa antes de ser resgatado por pescadores.

Segundo o testemunho de um dos sobreviventes, divulgado no jornal *The Jakarta Post*, uma onda maior que o navio Teratai Prima, de 700 toneladas, tombou a embarcação.

Os trabalhos de resgate foram dificultados em grande medida pelo mau tempo e pelo anoitecer.

Fonte: *Folha Online*. Mundo (Agência Efe), 12 jan. 2009.

- **Relações de equivalência, aproximação e identidade**: como, assim como, bem como, que nem, nem mais nem menos, sem tirar nem pôr etc. Exemplo:

Acordo prevê expansão do Bilhete Único para região metropolitana de São Paulo

[...]

Com o bilhete único, os passageiros de ônibus podem fazer até quatro viagens em um período de três horas e pagar somente uma passagem. O cartão também possibilita a integração do ônibus com o metrô e o trem – porém, atualmente, funciona apenas na cidade de São Paulo.

Segundo a decisão, uma licitação será aberta para estabelecer uma parceria público-privada com o governo e a prefeitura. O grupo que vencer ficará responsável pela "prestação de serviços relativos ao desenvolvimento do bilhete eletrônico único, tarifação dos usuários do transporte público coletivo de passageiros da Região Metropolitana de São Paulo, *bem como* à implantação, gerenciamento e operação de um novo Sistema Único de Arrecadação Centralizada".

Fonte: *Folha Online*, 28 jan. 2009.

- **Relações temporais: simultaneidade, anterioridade, sequencialidade**: enquanto, sempre que, ao mesmo tempo, antes que, depois que, logo que, senão quando, a um só tempo etc. Exemplo:

Agradecimento

"Caetaaaanooo, vai tomar no c*", disse Tom Zé no domingo, 23, diante da plateia que lotou o show que fez no Auditório Ibirapuera, em São Paulo. O músico anda falando mal de Caetano Veloso até em seu blog depois que ele o elogiou por causa do recém-lançado CD "Estudando a Bossa - Nordeste Plaza".

"Não, Caetano [...] eu não posso aceitar agora o seu colo e do grupo baiano, que durante todos esses anos me separaram até do que era meu, *enquanto* gozavam todo o prestígio e privilégios, talvez como ninguém mais neste país analfabeto."

Fonte: BERGAMO, Mônica. *Folha de S.Paulo*. Ilustrada, 26 nov. 2008.

- **Relações de síntese:** em resumo, em suma, em poucas palavras, em síntese etc. Exemplo:

Volante são-paulino Jean afirma que deve jogar contra a Portuguesa

Na partida contra a Portuguesa, neste domingo, o técnico do São Paulo, Muricy Ramalho, deverá escalar uma equipe diferente da estreia no Campeonato Paulista. O comandante já confirmou a entrada de Washington no ataque e ainda promoverá outras mudanças.

Mesmo com o rodízio, o volante Jean já sabe que irá jogar. Após o treino deste sábado de manhã, no CT da Barra Funda, o atleta confirmou que deve estar em campo diante da Portuguesa.

[...]

Além de confirmar sua escalação, Jean também revelou que Hernanes também enfrentará o clube do Canindé. *Em poucas palavras,* para não revelar a escalação completa, o volante disse: "O Hernanes joga sim".

Fonte: *Folha Online.* Esporte (Lancepress), 24 jan. 2009.

- **Relações ligadas ao hipotético, ao plausível, ao provável, ao assegurado:** na hipótese de, no pressuposto de, suposto que, dado que, assim seja, talvez, por hipótese etc. Exemplo:

Sem lágrimas

Apesar de alguns feitos notáveis – como as medalhas de ouro conquistadas por César Cielo, na natação, Maurren Maggi, no salto, e a equipe feminina de vôlei –, um sentimento de frustração parece inevitável diante do desempenho dos atletas brasileiros na Olimpíada de Pequim.

No caso da seleção masculina de futebol, um longo tratado, repleto de antecedentes históricos, de análises de psicologia motivacional e de bastidores administrativos, ainda está por ser escrito pela crítica especializada. No contexto deste comentário, basta citar o conselho de Virgílio a Dante Alighieri, no passo da "Divina Comédia" em que ambos contemplam o destino das almas incaracterísticas, carentes de ímpeto próprio: "Non ragionam di lor, ma guarda e passa". Passemos, portanto, ao largo da questão. Vale mais refletir sobre os exemplos das estrelas em outras modalidades esportivas que, por alguma razão, tiveram desempenho inferior ao esperado. Sejam quais forem as precariedades com que todo atleta brasileiro é forçado a conviver, o fato é que acidentes, imprevistos e frustrações são normais em qualquer competição esportiva.

Fonte: *Folha de S.Paulo* (editorial), 25 ago. 2008.

Observamos que a articulação entre os constituintes textuais efetiva-se geralmente com o emprego de **conectores** – o que contribui para facilitar a interpretação das relações entre os fatos descritos no texto, bem como o estudo das relações de discurso. Isso ratifica em relação aos conectores a função não apenas de ligação, mas também de instrumentalização para a captação da carga de significação do texto.

Fica evidente que a análise da organização relacional do texto contribui para a avaliação do grau de competência discursiva do aluno enquanto autor. A análise de como ele organiza seu texto, da maneira como estabelece as relações entre os constituintes, facilita o levantamento de hipóteses em relação às suas habilidades de articulação entre as ideias. A partir desse exame, o professor disporá de elementos para orientar o aluno no sentido de conscientizar-se das falhas mais frequentes e, consequentemente, dos meios mais eficazes para evitá-las.

> Problemas ou anomalias que ocorrem nos textos escritos são falhas que comprometem o trabalho de construção de seu sentido.

Considera-se a sintaxe fator estrutural, básico da língua, os mecanismos sintáticos, a força responsável pelas marcas de textualidade, mantendo-se, contudo, a noção de que a combinação dos elementos linguístico-discursivos deve visar a uma relevância comunicativa, sem o que o texto/discurso perderia sua significação.

> Em síntese, o uso adequado da estrutura sintática na composição do texto contribui para a harmonia entre as cargas estrutural e semântica, confere-lhe maior clareza e facilita-lhe a compreensão; atribuem-se significados a suas proposições, os quais, relacionados, perfazem o significado do todo.

Viu-se, em páginas anteriores, como processo bastante complexo a apreensão do encadeamento do texto em sua estrutura temática e informacional. Trata-se de uma dificuldade também condicionada à estrutura sintática.

Quanto mais simplificada e objetiva a construção sintática, tanto mais facilitado o processo da captação da dicotomia tema/rema ou tópico/comentário. Quanto mais equilibrada a sintonia tema/rema, tanto mais salvaguardada a linha de coesão do texto.

Sintonia entre sintaxe e semântica

No capítulo "Texto: definição e extensão", explorou-se a questão da consonância entre **tema** e **rema** como condição indispensável para o alcance da progressão temática do texto. Da análise do texto *Problemas do ensino no Brasil* chegou-se a concluir acerca da estreita relação entre o processo sintático e a linha de coesão/coerência do texto.

No ponto em que estamos, ainda enfocando o processo de sintonização entre **sintaxe** e **semântica**, agora tendo em vista questões de natureza didática, é oportuno lembrar que nem sempre os textos apresentam enunciados suficientemente claros em termos da combinação tema/rema – fato que se deve, muitas vezes, a deficiências de natureza sintática.

É frequente essa ocorrência em textos produzidos por escolares, cujos **processos de rematização** podem ser agrupados em três categorias:

- **Rematização plena**: caracteriza-se pela apresentação de um comentário marcado por alto grau de informatividade, garantindo a progressão temática do texto. Instaura-se, nesse caso, perfeita harmonização entre o dado conhecido (tema) e o que comporta conhecimentos novos (rema).

- **Rematização vazia**: caracteriza-se pela ausência de significado no conteúdo do comentário – o que dificulta a compreensão e interpretação dos dados apresentados. Rompe-se ou mesmo anula-se o processo de progressão temática, de avanço do texto.

- **Rematização circular**: caracteriza-se pela repetição de ideias, não obstante a diversidade de formas – o que anula a possibilidade de acréscimos na carga de informação do texto.

A título de exemplificação, analisemos, à luz desses princípios, os textos 1 e 2 aqui reproduzidos tal como foram escritos pelos alunos/autores.

Texto 1

O homem em busca de si

O homem busca conhecer muitas dúvidas que existem sobre sua vida, sua permanência e seu fim.

Desde há Grécia antiga, o ser humano se apega a mitos e deuses, envolvendo-se tanto que torna-se capaz de praticar sacrifícios com seus próprios filhos. As culturas, os lugares, as raças mudam, mas a questão é a mesma para todos. O homem conseguiu aprimorar sua tecnologia, desenvolver seus pensamentos, criou formas de vida mais confortáveis, e continuou com um lado totalmente carente e inseguro, o lado da alma.

Surgiram novas religiões, ceitas, tentando explicar a existência do espírito, mas todas são incompletas, não são capazes de mostrar a verdade. Vulnerável a esta situação, o homem cria deficiências no processo de equilíbrio entre a razão e o misticismo, ficando assim uma presa a outra, impedindo que o homem possa ter tranquilidade e paz consigo mesmo.

Vê-se um exemplo de redação acentuadamente marcada por ausência de sequenciação, de carga informativa – o que torna difícil, mesmo impossível, a reconstituição da estrutura profunda do texto, a captação de suas macroestruturas, aliás, ausentes aí. Ainda que haja itens lexicais que indiciam certa tematização (vida, ser, mitos, deuses, alma, religiões, seitas, espírito, misticismo), nota-se que a presença desses itens não atinge a interligação necessária para uma carga suficiente de informação ou comentário.

Constata-se um inequívoco "vazio" informacional do que decorre um texto pobre, opaco, desinteressante, de difícil apreensão. Verificam-se ainda verdadeiros "saltos temáticos" – o que imprime ao texto um caráter altamente fragmentário. Ainda, não se apresentam elementos de transição que justifiquem passagens da "Grécia antiga" para "culturas" e "tecnologia".

Todas essas falhas justificam a denominação "rematização vazia" concernente ao processo de informatividade no traçado do texto. Não existem, na "rematização vazia", elos sintático-semânticos responsáveis pelo engendramento da coesão – tal a frouxidão da estrutura à qual acabam por faltar unidade e organicidade.

Texto 2

Brasil místico

Um país que recebeu tantas influências místicas, organizando seu povo em grupos de religiões.

O Brasil quando foi descoberto, recebeu tendências religiosas vindas da Europa, como os jesuítas portugueses implantando o catolicismo romano aos povos indígenas aqui já implantados, os negros africanos escravos, trazendo consigo o candomblé.

A partir do descobrimento os anos passaram e o país recebeu vários tipos étnicos que trouxeram suas culturas religiosas também. Como por exemplo, os japoneses com todo seu misticismo budista, e outros povos com outros tipos de misticismo.

> Cada povo contribuindo para o desenvolvimento não só místico, mas como o modo de pensar, agir, falar (entre outros) do Brasil. O Brasil então foi organizado, seu povo com isso ganhou a partir de seu descobrimento formas místicas para o imenso mundo religioso místico brasileiro.

Lê-se um texto em que a integridade das ideias não se realiza por força da sintaxe marcada por frases fragmentadas, incompletas, como se pode observar no primeiro parágrafo, em que inexiste uma oração principal – eixo em torno de que as subordinadas deveriam estar girando. Observa-se a mesma desestruturação no último parágrafo – cada povo contribuindo para o desenvolvimento não só místico, mas como o modo de pensar, agir, falar (entre outros) do Brasil –, em que a incompletude da ideia se deve ao emprego indevido do gerúndio, à ausência da correlação correta do par aditivo correlativo – não só... mas também –, o que gera uma falha de natureza sintática, configurada na falta de paralelismo.

Não se renova o conteúdo semântico do texto, não há progressão temática, repetem-se as ideias, ou melhor, há todo um rendilhado em torno de uma ideia única: o Brasil recebeu "influências místicas" de outros povos. Não se renova a carga conteudística. A rematização, por conseguinte, é absolutamente "circular".

As estruturas que se identificam como rematizações circulares, ou seja, marcadas pelo tom repetitivo de sua carga semântica, anulam a coesão e a progressão temática. A circularidade do texto torna impossível sua redução a proposições nucleares.

> Cabe, portanto, demonstrar ao aluno que tanto é possível quanto necessário relacionar mecanismos textuais e mecanismos linguísticos de superfície, oferecendo-se elementos concretos de apoio para um exercício satisfatório de elaboração do texto.
>
> Por certo, a incapacidade de operar adequadamente elementos coesivos, por meio do sistema léxico-gramatical da língua, interfere negativamente na integridade comunicativa do enunciado.
>
> Insiste-se, ainda uma vez, no princípio que considera a sintaxe o eixo inequívoco da textualidade.

Atividades ligadas à intertextualidade

A **intertextualidade** designa não uma soma confusa e misteriosa de influências, mas o trabalho de transformação e assimilação de vários textos, operado por um texto centralizador, que detém o comando do sentido.

No trabalho de recriação em cima do texto pressuposto, reativa-se o sentido desse texto sob uma diversidade de formas – do que podem resultar, por exemplo:

- **textos paródicos** – discrepantes e demolidores em relação ao texto-fonte;

- **textos estilizadores** – aprimoradores do texto-fonte;

- **textos repetidores** – paráfrases do texto-fonte.

Considerado o texto integrado com outros textos, ou seja, no âmbito intertextual, atividades diversas podem ser desenvolvidas em sala de aula para trabalhar a intertextualidade. Assim:

❖ Exploração de um texto, nele procurando **traços de intertexto** – o que desperta no aluno a consciência de cultura, dado o fato de a intertextualidade, enquanto permuta de textos, inscrever o enunciado na cadeia infinita dos discursos.

A poesia de Manuel Bandeira, por exemplo, presta-se magistralmente para esse tipo de exercício. A produção do poeta configura-se num espaço intertextual em que se cruzam representações de todas as latitudes – antigas e modernas, o novo emergindo do velho, o velho revestindo-se do novo e o novo se tornando, a um tempo, erudito e popular.

Tecida de memória e de experiência, a obra de Bandeira "desentranha" (expressão frequentemente usada por ele próprio) poemas não só de textos escritos, mas ainda de cenas do cotidiano, da linguagem oral.

Na sua biografia poética, *Itinerário de Pasárgada,* ou até mesmo em crônicas, Manuel Bandeira revela muito da gênese de seus poemas e suas fontes de inspiração:

> [...] Costumo plagiar descaradamente os achados inconscientes de amigos e conhecidos que não fazem poesia: [...] O plágio pode e deve admitir-se quando o fazemos para recolher pérolas anônimas ou reforçar o valor de um elemento insuficientemente aproveitado por outro poeta. (1966: 43)

Observemos alguns exemplos de recurso à intertextualidade na obra de Manuel Bandeira. A paródia de "O adeus de Teresa", de Castro Alves, o poeta chamou *tradução para moderno,* acrescentando que o texto "afasta-se tanto do original que a espíritos menos avisados parecerá criação".

> A primeira vez que eu vi Teresa
> Achei que ela tinha pernas
>   estúpidas
> Achei também que a cara
>   parecia uma perna
> Quando vi Teresa de novo
> Achei os olhos mais velhos do que o resto do corpo.
> (Os olhos nasceram e ficaram um ano esperando
>   que o resto do corpo nascesse)
> Da terceira vez não vi mais nada
> Os céus se misturaram com a terra
> E o espírito de Deus voltou a se mover sobre a face das águas.

> Os textos dos poemas de Manuel Bandeira foram transcritos de *Poesia completa e prosa* (Rio de Janeiro: Nova Aguilar, 1983).

Apesar de o sentido geral dos dois poemas ser o mesmo, nos versos de Bandeira as circunstâncias do texto original são retomadas antiteticamente e os símbolos elaborados são recuperados com significações opostas. Os dois últimos versos contêm a imagem bíblica do *Gênesis* – momento em que o poeta se identifica com Castro Alves, estilizador e parafraseador de textos da Bíblia.

Na coletânea *Cinza das horas,* no poema "A Camões", Manuel Bandeira se apropria dos versos camonianos e declara que sublinhou as *expressões de Camões:*

> A névoa de apagada e vil tristeza (verso 2)
>
> Da estirpe que em perigos sublimados (verso 8)
>
> As armas e os barões assinalados (verso 14).

Fica evidente que o leitor bem inserido na descoberta da intertextualidade é aquele munido dos aspectos da cultura e da memória de cada época, bem como do conhecimento das preocupações temáticas e formais dos seus escritores. Por exemplo, a época do Renascimento, marcada pelo pendor à imitação, é um convite a uma leitura dupla dos textos e à decifração de sua relação intertextual com o modelo antigo. Continuemos mencionando tipos de atividades ligadas à intertextualidade:

❖ **Produção de traços de intertexto** – ou seja, redação de um mesmo texto sob vários pontos de vista ou ainda a pesquisa de textos com visões diferentes.

Exemplo: uma festa. Descrição/narração por parte dos convidados e do anfitrião. Cada aluno pode interpretar um papel e dar do fato a sua versão.

> Recorte de jornais diferentes para mostrar a mesma notícia sob óticas diferentes – o que se verifica, com maior frequência e relevância, em artigos ou ensaios que versam sobre política, por exemplo, o partido da situação, o partido da oposição, o centro e a esquerda – complexo marcado por uma diversidade de óticas.

❖ Ainda na esfera da intertextualidade, o texto pode ser analisado por meio de um trabalho de:

- **Intertexto longitudinal**: analisam-se textos produzidos antes e depois do texto-fonte;

- **Intertexto transversal**: analisam-se textos produzidos na mesma época de produção do texto-fonte;

- **Intertexto de justaposição**: agrupam-se duas ou mais informações sob a mesma rubrica.

Como exemplo, podemos citar o editorial de um jornal que, geralmente, aborda vários temas que estão relacionados, embora à primeira vista pareçam nada ter em comum.

No desenvolvimento de um trabalho de intertexto, é preciso haver um *intertexto coletivo,* ou seja, um saber comum mínimo para um bom funcionamento da comunicação.

A orientação pedagógica deve insistir no enriquecimento desse saber comum também chamado de *memória enciclopédica.*

Os autores, que vêm se empenhando na busca de princípios norteadores do trabalho de natureza intertextual, tendem a situar a intertextualidade como *importante fator de coerência do texto.*

Com efeito, ligada à carga de significação do texto, a **coerência** explica-se, entre outros fatores, pela correspondência estabelecida entre um texto e os demais que se integram na sua constituição.

Bakhtin foi o primeiro estudioso a captar nas *relações dialógicas entre textos* a dimensão constitutiva de todo texto verbal. Vê o autor, sob várias modalidades, um intercâmbio discursivo, uma *tessitura polifônica* na qual se entrecruzam textos. E vê-se a intertextualidade, enquanto permuta de textos, como processo que inscreve o enunciado na cadeia infinita de discursos.

> Não será demais insistir sobre o princípio de que *trabalhar com intertexto é um importante critério de seleção de textos* – o que fortalece uma prática didática coerente com a concepção de que ler um texto é sempre relacioná-lo a outros numa dimensão intertextual e/ou discursiva.

Ao lado de estratégias e exercícios que exploram o componente textual, é de extrema importância familiarizar o aluno como os conceitos e os temas principais da área dos estudos do discurso. O manejo desses conceitos fundamentais lhe fornecerá uma série de ferramentas científicas que poderá empregar em cursos mais avançados sobre a matéria.

> Tradicionalmente, a primeira função da escola consiste em ensinar a ler e a escrever – mas também em facilitar ao aluno o acesso a outros comportamentos verbais – tanto orais quanto escritos – e a outros significados diferentes dos da rotina cotidiana. Convém ainda familiarizar o aluno com as codificações textuais mais frequentes nas diferentes práticas discursivas.
>
> Busca-se, assim, uma sintonia com os novos tempos em que a multiplicidade linguística – a pluralidade dos discursos – faça parte do cotidiano do aluno. Amplia-se a competência comunicativa – textual e interpessoal – até àqueles âmbitos da atividade discursiva aos quais o aluno não saberá chegar por si só, ainda que já tenha adquirido uma certa capacidade de uso reflexivo da língua e uma terminologia linguística, como também uma mínima cultura literária.
>
> Criam-se condições para que o aluno trabalhe com a *competência discursiva,* isto é, venha a conhecer como um texto funciona enquanto *unidade pragmática.*

Atividades apropriadas para incorporar a análise do discurso à pedagogia da língua materna

As propostas inspiradas nas técnicas da Análise do Discurso podem ser configuradas nos seguintes exercícios:

- elaborar sucessivas versões de um texto, tentando ajustá-lo a uma determinada situação comunicativa;

- cotejar textos de modo a analisar o funcionamento discursivo das escolhas realizadas;

- trabalhar com textos configuradores dos diversos âmbitos do discurso;

- captar as representações contextuais em qualquer tipo de texto. Dessa captação depende, por exemplo, a adequada interpretação da função do texto, da intencionalidade do autor. Como fazê-lo? Orientar o aluno em relação ao contexto de produção do discurso: de onde procede? Quem é o autor? Quais os destinatários? Com que intenção foi elaborado?

- conceber a Análise do Discurso como técnica que se interessa, em primeiro plano, pelo mecanismo que articula o *conteúdo significativo transtextual* (cf. seção "Relações transtextuais", no primeiro capítulo).

Assim, por exemplo, a mesma frase dita numa empresa, por um funcionário a um colega, pode ter um significado que não teria se dita pelo chefe a um subordinado, visto que o conteúdo daquilo que se diz é resultante também do *status* dos participantes do ato de comunicação.

É necessário, pois, identificar o sujeito, como vimos, às suas filiações de sentido: quem é esse sujeito que fala? Qual a sua posição dentro da comunidade? Sua fala o que significa? O que deixa ele de falar? Que pressuposições e que subentendidos ficam nas entrelinhas de sua fala?

Passa, portanto, o texto a figurar como *unidade de análise* pela qual o analista do discurso atinge o sujeito e sua significação no processo enunciativo.

A ação pedagógica fundamentada na linguagem como discurso possibilita ao aluno assumir-se enquanto sujeito de sua própria aprendizagem e, ao professor, como seu interlocutor.

Não é possível considerar plenamente a noção de texto se não se concebe uma *perspectiva contextual discursiva*.

Em **aula de língua portuguesa**, por exemplo, ao ministrar lições fundamentadas na gramática, cabe ao professor integrar o aluno na *confluência de discursos que se fazem presentes no âmbito gramatical*. Tem-se aí um *discurso linguístico* que explora conceitos definidores de fatos da língua; um *discurso didático* que orienta o processo ensino/aprendizagem.

Salienta-se no discurso da gramática a apresentação de exemplos – valioso recurso didático que concretiza o abstrato teórico transpondo-o para o universo de referências correspondentes ao que se está ensinando.

Analisemos, no texto a seguir, as **marcas discursivas do texto didático** – considerado o texto/discurso na sua globalidade, em que se entrelaçam relações entre as suas diversas partes e entre cada uma delas com o todo, reconhecendo o papel da *dimensão enunciativa* e o do *contexto particular* em que ocorre.

Oração e frase

A unidade sintática chamada oração constitui o centro da atenção da gramática por se tratar de uma unidade onde se relacionam sintaticamente seus termos constituintes e onde se manifestam as relações de ordem que partem do núcleo verbal e das quais se ocupa a descrição gramatical.

Isto não impede a presença de enunciados destituídos desse núcleo verbal conhecido pelo nome de frase: Bom dia! Saúde! Depressa! Que calor! Casa de ferreiro, espeto de pau.

Estas frases diferem da oração porque são proferidas, quase sempre, em situações especiais, fora das quais o enunciado não se manifesta em toda a sua plenitude.

Em geral, seus elementos constituintes são de natureza nominal (substantivos, adjetivos ou advérbios), e a ausência do núcleo verbal, donde dimanam as relações sintático-semânticas, impede que se identifiquem entre seus constituintes as funções que se manifestam na oração. Por outro lado, a frase aponta para a asserção de uma "verdade geral, já que exclui a forma verbal responsável por uma particularização da expressão".

Fonte: BENVENISTE, E. *Problemas de linguística geral*. São Paulo: Cia. Editora Nacional, 1976.

Entretanto, como são enunciados reais, apela-se para a interpretação mais ou menos próxima dos possíveis equivalentes expressos sob a forma de oração. Assim, "entende-se" que um enunciado como Bom dia! Equivale a "Desejo bom dia" ou "espero que tenha bom dia" ou "Casa de ferreiro, espeto de pau" equivalem aproximadamente a "Casa de ferreiro usa espeto de pau" ou "Quando a casa é de ferreiro, o espeto é de pau".

A simples verificação das várias possibilidades de paráfrases mostra bem como são tênues as relações gramaticais que os termos existentes mantêm entre si dentro da frase. Por isso a descrição da frase não se fará pelos mesmos critérios na oração, mas seguindo sua constituição interna.

Podemos dividir as frases em unimembres e bimembres.

O tipo mais simples de frase unimembre é o constituído por interjeição – que equivale a um enunciado independente ou a uma oração inteira. Oh! Psiu!

[...] Incluem-se no rol de frases assertivas bimembres (dotadas também de entoação ou contorno melódico assertivo) os seguintes exemplos: "Casa de ferreiro, espeto de pau" – "Tal pai, tal filho".

Fonte: BECHARA, E. Oração e frase. *Moderna gramática portuguesa.* Rio de Janeiro: Lucerna, 2000, p. 540.

Análise do texto "Oração e frase"

O texto pode ser visto como de feição marcadamente didática. Nele, o autor – que chamaremos locutor – realiza, como orientação básica ou central, um *macroato expressivo de definição de* **oração** *e* **frase**. Assim, a análise a que procederemos oferecerá oportunidade para a captação do sistema de referências e das definições construídas pelo locutor.

O título – "Oração e frase" – condensa bem, e de forma direta, não alusiva, a orientação ou o rumo dominante do discurso. Funciona como uma espécie de *hipertema,* ou seja, um vínculo semântico condicionador do desenvolvimento temático discursivo. O locutor tira dividendos significativos desse agregado nuclear de sentido – o título – que indicia a *potencialidade semântica* do texto e constitui, por esse fato, um importante guia de leitura. Inicia, pois, o *processo de comunicação.*

Em termos de conteúdo, o título desempenha uma *função cognitiva básica* – um papel projetivo catafórico na descoberta do texto/discurso, definindo o seu tópico geral e ativando uma série de pressupostos que condicionam a sua recepção subsequente. Induz, pois, o alocutário a criar os primeiros laços de cumplicidade, pois convida-o, fazendo uso da memória enciclopédica, a completar a sua formulação.

A partir do título fica, pois, esquematicamente configurado um complexo ou um agregado nuclear, a ser desdobrado adequadamente no discurso.

A discursivização desse complexo ou agregado de sentido passa naturalmente pela sua enformação nos recursos da língua. E é desenvolvida de modo a salvaguardar uma linha de coesão/coerência imprescindível. A **coesão/coerência** é dimensão fundadora de todo e qualquer discurso, tanto no nível da sua produção quanto no nível da sua decodificação, atuando nesse polo como princípio interpretativo básico.

Percorre a discursivização o recorte de eixos organizadores devidamente articulados, imprimindo e garantindo a coesão e coerência ao desenvolvimento discursivo, ou seja, ao nível **micro** e **macroestrutural** do texto.

Destaca-se, no todo discursivo, mas também nas suas macroestruturas intermédias e ainda nas suas microestruturas, um grande eixo organizador de caráter definidor e diferenciador.

Assim, o desenvolvimento do discurso, em cada um desses níveis, dá lugar ao desenho de um eixo de definições sucessivamente afirmado:

- a **definição de oração** atrelada à sua configuração sintática;
- a **definição de frase nominal** ligada à ausência de núcleo verbal;

- a **diferenciação entre oração e frase** como resultante do emprego da frase em situações especiais;

- a **diferenciação dos critérios** empregados na descrição da frase e na descrição da oração.

Essa feição definidora/diferenciadora imprime ao discurso uma vincada natureza de discurso didático.

A par desse eixo de definições/diferenciações, organiza ainda o discurso um outro de relevância básica, ou mesmo nuclear, uma vez que se articula, em termos alicerçadores, com o próprio eixo de definições/diferenciações. Trata-se do eixo de classificação ou taxonomia.

Estratégia discursiva igualmente hábil é a que se passa por *implicitação pragmática,* isto é, o locutor se apropria da opinião de outro autor, no caso, Émile Benveniste, na sua conhecida obra *Problemas de linguística geral,* na seguinte passagem citada por Bechara: "a frase aponta para asserção de uma verdade geral, já que exclui a forma verbal responsável por uma particularização da expressão".

O locutor utiliza-se, pois, de uma voz autorizada e reconhecida – com o que inscreve no discurso um *momento de polifonia,* aqui configurada sob a ótica da convergência. Instancia um momento de polifonia ao convocar uma voz do senso comum no contexto em que ela se enquadra – voz reconhecida e autorizada e, logo, lugar de relativo consenso.

Lembre-se ainda de que a presença do "outro" no discurso é uma estratégia argumentativa de raciocínio por autoridade, conforme Ducrot (1989).

As aspas convocam um momento de *polifonia ostensiva* na medida em que sugerem que o locutor retoma um enunciado anterior de outro locutor do qual se demarca claramente. Por isso, o locutor desenvolve uma *estratégia de credibiliza-*

ção/acreditação, procurando incluir, ou melhor, reforçar uma imagem de isenção, de objetividade – imagem de proclamada importância no texto/discurso didático.

A força assertiva que percorre todo o texto aparece ampliada por outra dimensão. Depreende-se, efetivamente, a matriz de que o locutor, afinal, fala em nome de um *saber* institucionalizado, ou seja, empresta sua voz à voz incontestável de uma instituição – sendo, então, por essa via poderosa que se recorta mais vincadamente o vigor assertivo do texto/discurso.

De resto, com tal atitude, o locutor desenvolve também mais um momento de sua estratégia credibilização/acreditação, que, como vimos, vai percorrendo o discurso e que "produzindo e reproduzindo o real" (Benveniste, 1976: 25) estabelece também o que é.

O autor/locutor evoca aquilo que, aos olhos da instituição, é razoável, é evidente, é oficialmente coaceito pela comunidade escolar. Surge, assim, o *discurso de evidência* que convoca uma instância exterior ao sujeito da enunciação e que funciona como autoridade. A instituição escolar é a instância legitimadora do dizer do texto/discurso.

Todos esses dados integram um universo de saberes, uma enciclopédia, seguramente mais vasta, que o locutor faz presidir à produção de seu discurso.

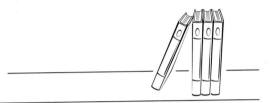

Bibliografia

ADAM, Jean-Michel. *La linguistique textuelle*. Paris: Armand Colin, 1999.

ANSCOMBRE, J. C.; DUCROT, O. *La Argumentación en la Lengua*. Madrid: Gredos, 1994.

APOTHELOZ; REICHLER; BÉGUE LIN, M. G. *Du sintagme nominal aux objets*: de discours. Neuchâtel: Université de Neuchâtel, 1995.

AUSTIN, J. L. *How to do things with words*. Cambridge: Cambridge University Press, 1990.

_____. *Quando dizer é fazer*. Trad. Danilo Marcondes de Souza Filho. Porto Alegre: Artes Médicas, 1990.

BAKHTIN, M. *Estética da criação verbal*. São Paulo: Martins Fontes, 1992.

_____. *Marxismo e filosofia da linguagem*. Trad. M. Lahud e F. Vieira. São Paulo: Hucitec, 1997.

_____. *Questões de literatura e de estética*: a teoria do romance. Trad. Bernardine et al., São Paulo: Hucitec, 1998.

BANDEIRA, Manuel. *Itinerário de Pasárgada*. 3. ed. Rio de Janeiro: Editora do Autor, 1966.

BARTHES, R. La linguistique du discours. In: *Texte, Encyclopaedia Universalis*. La Haie: Mouton, 1974, p.13.

BEAUGRANDE, R.; DRESSLER, W.V. Trad. esp. *Introducción a la linguistica del texto*. Barcelona: Ariel, 1997.

_____. *Discourse Studies*. Hamburg : Buske, 1999.

BENVENISTE, É. *Problemas de linguística geral*. São Paulo: Cia. Editora Nacional, 1976.

BERNÁRDEZ, E. *Teoria y Epistemologia del texto*. Madrid: Cátedra, 1995.

_____. *Introducción a la lingüística del texto*. Madrid: Espasa – Calpe, s.d.

BRAGA, R. *Ai de ti Copacabana:* Rio de Janeiro: Editora do Autor, 1960.

BRANDÃO, H. W. *Introdução à análise do discurso*. Campinas: Ed. da Unicamp, 1995.

BRECHT, R. D. "Deixis in embedded structures". *Foundations of Language,* v.11, n. 4, 1974, pp. 489-518.

BRONCKART, J. P. *Atividade de linguagem, textos e discursos*: por um interacionismo sócio-discursivo. São Paulo: Educ, 1999.

_____ et al. *Le fonctionnement des discours*. Delachaux e Niestlé, 1985.

BROWN, G.; YULE, G. *Análisis del discurso*. Madrid: Visor Libros, 1993.

BÜHLER, K. *Teoría del lenguaje*. Madrid: Alianza, 1979 (1934).

CÂMARA JÚNIOR, M. *Manual de expressão oral e escrita*. Petrópolis: Vozes, 1999.

CHARADEAU, P. *Langage et discours*. Paris: Hachette, 1983.

_____. *Parcours linguistiques de discours spécialisés*. Berne: Peter Lang, 1993.

_____; MAINGUENEAU, D. *Dicionário de análise do discurso*. São Paulo: Ed. Contexto, 2004.

COSERIU, E. *Teoría del lenguaje y Lingüística General*. Madrid: Gredos, 1963.

COSTA, Sérgio R. A construção de títulos em gêneros diversos: um processo discursivo polifônico e plurissêmico. In: ROJO, R. (org.). *A prática de linguagem em sala de aula*. São Paulo: Educ, 2002.

DIK, S. C. *Gramática Funcional*. Versão espanhola de L. Martins Mingorance y F. Serrano Valverde. Madrid: SGEL, 1978.

_____. *Functional Grumman*. Amsterdam: North-Holland (3rd printing 1981, Dordrecht; Furis), 1978.

DUBOIS J. et al. *Dictionnaire de linguistique et des sciences du langage*. Paris: Larousse, 1994.

Ducrot, O. *Le dire et le dit*. Paris: Minuit, 1989.

Fiorin; Savioli. *Para entender o texto*. São Paulo: Ática, 2000.

Foucault, J. *L'Ordre du discours*. Paris: Gallimard, 1971.

Fonseca, Fernanda Irene (org.). *Pedagogia da escrita*. Perspectiva/Porto: São Paulo/Porto, 1990.

Fonseca, J. *Linguística e texto/discurso*. Lisboa: icalp, 1992.

Genette, G. *Palimpsestes. La littérature du second degré*. Paris: Seuil, 1982.

Grivel, C. *Littérature*, n. 3, 1978, pp. 25.

Guespin, L. Problématique des travaux sur le discours politique. *Langages*, n. 23, septembre, 1977, p. 46.

Guimarães, Elisa. *A articulação do texto*. São Paulo: Ática, 1990.

_____. Sintaxe e coesão no texto. In: Valente, André (org.). *Lições de português*. Petrópolis: Vozes, 1999.

Halliday. *El lenguaje como semiótica social*. México: fce, 1978.

_____. *Language, context and text:* aspects of language in a social semiotic perspective. Oxford: Oxford University Press, 1989.

_____; Hasan. *Cohesion in English*. London: Longman, 1976.

_____. Language structure and language function. *New Horizons in Linguistics*. Trad. Espanhola: "Estructura y función del lenguaje", en *Nuevos Horizontes de la Lingüística*. Madrid: Alianza, 1975(1970).

_____. *Exploraciones sobre las funciones del lenguaje*. Barcelona: Editorial Médica y Técnica, 1982.

Harder, R. Attention, école. *idac*, n. 16, 17, Genève, 1983.

Haroche, C.; Henry, P.; Pêcheux, M. La sémantique et la coupure saussurienne: langue, langage, discours. *Langages*, n. 24, 1971.

Jakobson, R. Lingüística y Poética. In: Sebeok, T. A.. *Estilo Del lenguaje*. Madrid: Cátedra, 1978.

Kerbrat-Orecchion, C. *L'Implicite*. Paris: Armand Colin, 1986.

Kintsch, W.; van Dijk, T. *Comment on se rappelle et on résume des histories. Langue française*, Paris, n. 40, 1975, pp. 99-117.

Koch, J. V. *Desvendando os segredos do texto*. São Paulo: Cortez, 2002.

Lajolo, Marisa. *Do mundo da leitura para a leitura do mundo*. São Paulo: Ática, 2004.

Lyons, J. *Semântica*. Barcelona: Teide, 1980.

_____. *Lenguaje, significado y contexto*. Barcelona: Paidós, 1983.

Maingueneau, D. *Aborder la linguistique*. Paris: Du Seuil, n. 18, 1996.

_____. *Initiation aux méthodes de l'analyse du discours*. Paris: Hachette, 1976.

_____. *Novas tendências em análise do discurso*. Campinas: Pontes, Ed. da Universidade Estadual de Campinas, 1997.

_____. *Genèse du discours*. Bruxelles: Pierre Mardaga, 1984.

Marcuschi, L. A. *Da fala para a escrita*. São Paulo: Cortez, 2000.

_____. Referenciação e progressão tópica: aspectos cognitivos e textuais. *Cadernos de Estudos Linguísticos*, n. 48. Campina: iel/Unicamp.

Mateus, M. H. M. et al. *Gramática da língua portuguesa*. Coimbra: Livraria Almedina, 1983.

Mendes, Marlene G. *A obra de Rachel de Queiroz*. São Paulo. Tese (Doutorado). Universidade de São Paulo, 1992.

Moirand, S. *Une grammaire de textes et de dialogues*. Paris:, Hachette, 1990.

_____. Les indices dialogiques de contextualisation dans la phrase ordinaire. *Cahiers de Proxématique, n.* 33, Université de Montpellier, 3.

Mounin, G. *Dictionnaire de la linguistique* Paris:. puf, 1974.

Orlandi, E. P. *A linguagem e seu funcionamento*: as formas do discurso. Campinas: Pontes, 1992

_____. *Interpretação*. Petrópolis: Vozes, 1996.

Parret, H. L'énonciation et sa mise en discours. *Cruzeiro Semiótico*, n. 6, 1987.

Pêcheux, M. *Discurso*: estrutura ou acontecimento. Campinas: Pontes, 1990.

Pérez, J. C. *Les textes*: types et prototypes. Paris: Nathan, 1994.

Plantin, C. *L'Argumentation*. Paris: Du Seuil, n. 23, 1996.

Pompéia, R. *O Ateneu*. São Paulo: Ática, 1970.

Possenti, Sírio. *Discurso, estilo e subjetividade*. São Paulo: Martins Fontes, 1986.

Ricoeur, P. *Ideologia e utopia*. Trad. Teresa Louro Peres. Lisboa: Edições 70, 1991.

Roulet, E. *Approaches to discourse particles*. Amsterdam: Elsevier, 2006.

Rubião, Murilo. *O pirotécnico Zacarias*. São Paulo: Ática, 1986.

Sant'anna, Affonso Romano de. *Paródia, paráfrase e cia*. 3. ed. São Paulo: Ática, 1988.

SCHMIDT, S. G. *Teoria del texto*. Madrid: Cátedra, 1977 (1973).

SEARLE J. *Os actos de fala*. Coimbra: Livraria Almedina, 1981.

SEF. *Parâmetros Curriculares Nacionais – Língua Portuguesa*. Brasília: MEC/SEF, 1998.

SLAKTA, D. L'ordre du texte. *Études de linguistique appliquée*, n. 19. 1987.

SMITH, G. *Compreendendo a leitura*. Porto Alegre: Artes Médicas, 1989.

SOLÉ, C. *Análise de elementos indicadores de textualidade*. Mimeografado. Universidade de São Paulo, 1989.

SPERBER, D.; WILSON, D. *Relevance, communication and cognition*. Oxford: Blackwell, 1986.

STRAWSON, P. F. Phrase et acte de parole. *Langages*, n. 17, maio 1970.

VAN DIJK, T. *Estructuras y funciones del discurso*. Madrid: Siglo XXI, 1980.

_____. *Texto y contexto: Semántica y pragmática del discurso*. Madrid: Cátedra, 1984.

_____. Gramáticas textuais e estruturas narrativas. In: CHABROL, Claude. *Semiótica narrativa e textual*. São Paulo: Cultrix/USP.

WIDDOWSON, H. G. *Teaching language as communication*. Oxford: Oxford University Press, 1989.

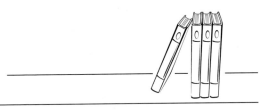

Iconografia

Capítulo "Texto: definição e extensão"
p. 16: GALHARDO, Caco. Short Cuts. Ilustrada, *Folha de S.Paulo*, 3 de outubro de 2006. **p. 31:** BROWNE, Dik. Hagar. Caderno 2, *O Estado de S. Paulo*, 23 de novembro de 2007. **p. 32:** BROWNE, Dik. Hagar. Ilustrada, *Folha de S.Paulo*, 29 de agosto de 2007. **p. 49:** ITURRUSGARAI, Adão. Mundo monstro. Ilustrada, *Folha de S.Paulo*, 23 de janeiro de 2009. **p. 62:** WALKER, Mort. Recruta Zero. Ilustrada, *Folha de S.Paulo*, 13 de setembro de 1997.

Capítulo "Discurso: definição e extensão"
p. 98: GALHARDO, Caco. Os pescoçudos. Ilustrada, *Folha de S.Paulo*, 11 de agosto de 1997. **p. 116:** GLAUCO. Histórias pra boi dormir. Opinião, *Folha de S.Paulo*, 21 de junho de 2007.

Capítulo "Texto e discurso"
p. 132: BROWNE, Dik. Hagar. Ilustrada, *Folha de S.Paulo*, 3 de março de 2007.
p. 134: GONSALES, Fernando. Níquel Náusea. Ilustrada, *Folha de S.Paulo*, 12 de dezembro de 2007.

Capítulo "Texto, discurso e ensino: uma necessária articulação"
p. 152: SCHULZ, Charles M. Minduim. Caderno 2, *O Estado de S. Paulo*, 15 de fevereiro de 2007. **p. 153:** THAVES, Bob. Frank & Ernest. Caderno 2, *O Estado de S. Paulo*, 10 mar. 2004.

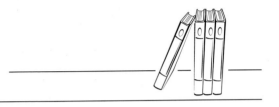

A autora

Elisa Guimarães doutorou-se em Letras pela Universidade de São Paulo, onde ministrou cursos de pós-graduação e orientou mestrandos e doutorandos na área de Letras. Atualmente é professora titular da área de Letras nos cursos de pós-graduação da Universidade Presbiteriana Mackenzie. Publicou artigos e ensaios sobre Língua Portuguesa, publicados em periódicos no Brasil e no exterior. Apresenta trabalhos sobre Linguística e Língua Portuguesa em diversos congressos nacionais e internacionais.

Leia também

PRECONCEITO E INTOLERÂNCIA NA LINGUAGEM

Marli Quadros Leite

Menos notados que outros tipos – mas igualmente agressivos –, o preconceito e a intolerância na linguagem estão camuflados nos discursos e atingem o cerne das individualidades. A linguagem é o que o homem tem de mais íntimo e o que representa sua subjetividade. Não é exagero dizer, então, que uma crítica à linguagem do outro é arma que fere muito. Neste livro inovador e bem escrito, a professora Marli Quadros Leite desenvolve o tema do preconceito e da intolerância inserindo-o no campo dos estudos linguísticos, e apresenta análises atraentes e sólidas de discursos veiculados, sobretudo, pela imprensa escrita.

LEIA TAMBÉM

A LEITURA DOS QUADRINHOS

Paulo Ramos

A presença dos quadrinhos nas provas de vestibular, a sua inclusão no Parâmetro Curricular Nacional e a distribuição de obras ao ensino levaram obrigatoriamente a linguagem dos quadrinhos para a realidade pedagógica do professor. Neste livro inovador, Paulo Ramos relaciona duas áreas ainda não muito estudadas em conjunto: quadrinhos e estudos linguísticos. Afinal, ler quadrinhos é ler sua linguagem, tanto em seu aspecto verbal quanto visual (ou não verbal). Assim, a relação entre fala e imagem, a onomatopeia, as vozes narrativas, o tempo e o espaço e os diversos tipos de balões utilizados são analisados com crítica e fundamentação.

CADASTRE-SE
EM NOSSO SITE,
FIQUE POR DENTRO DAS NOVIDADES
E APROVEITE OS MELHORES DESCONTOS

LIVROS NAS ÁREAS DE:

História | Língua Portuguesa

Educação | Geografia | Comunicação

Relações Internacionais | Ciências Sociais

Formação de professor | Interesse geral

ou
editoracontexto.com.br/newscontexto

Siga a Contexto
nas Redes Sociais:
@editoracontexto